헤어샵
성공 시나리오

헤어샵 성공 시나리오

초판 1쇄 인쇄 | 2021년 06월 01일
초판 2쇄 인쇄 | 2021년 06월 21일
지은이 | 노장군
펴낸이 | 이재욱(필명: 이승훈)
펴낸곳 | 해드림출판사
주 소 | 서울 영등포구 경인로82길 3-4(문래동1가 39)
　　　 센터플러스빌딩 1004호(07371)
전 화 | 02-2612-5552
팩 스 | 02-2688-5568
E-mail | jlee5059@hanmail.net

등록번호　제2013-000076
등록일자　2008년 9월 29일

ISBN　979-11-5634-459-9

미용실 경영 레시피

헤어샵
성공 시나리오

노장군 지음

해드림출판사

펴내는 글

헤어샵 경영 사고의 전환이 필요

지난 20여 년 동안 다양한 프랜차이즈에서 많은 사람을 만나오며 경기나 환경에 영향을 받지 않고 꾸준히 성장하는 사람과 그렇지 못한 사람들의 생각과 행동의 차이를 경험할 수 있었다.

전자는 새로운 것보다 모두가 알고 있는 기본을 꾸준히 실천함으로 경쟁력을 만들어 간다. 반면 후자는 잘못된 '감'과 '경험'을 바탕으로 새로운 비법과 요령만을 찾다가 늘 처음으로 다시 돌아가 실패와 포기를 반복한다. 하지만 그들을 탓할 수만은 없는 이유도 분명히 있다. 국내 약 10만 개의 미용실 중 대다수가 중소형, 1인 미용실이다. 그럼에도 그들에게 필요한 실용적인 책이나 교육이 많지 않고, 있다 해도 외국의 사례나 지나치게 학문적인 경우가 많았다. 보통 기술이나 세무, 노무, SNS, 매뉴얼이 없거나 못해서 망하는 미용실은 없다. 영업과 경영의 가장 기본적인 것을 모르고 지키지 않기 때문에 망하는 것이다.

나 역시 미용실을 처음 운영하며 어려움을 겪을 때 조언을 구할 곳이나 관련 책이 없어 매우 힘들었던 경험이 있다. 내가 겪었던 어려움은 테크니션에서 오너로 거듭나려는 중, 소형 미용실 원장들 누구나 경험하게 되는 것들이다.

중, 소형 미용실은 입지, 규모, 자금, 시설, 인력 등 취약점과 한계가 많고 경쟁도 치열해 항상 불안정하게 하루하루를 버틴다. 이때 찾아오는 성장통을 자기만의 불행으로 받아들이며 지레 포기하거나 근거 없는 자신감에 안하무인이 되어 더 큰 불행을 자초하는 경우가 많다.

실패하는 이들에게 공통으로 보이는 특징은 입으로만 절실하다는 것이다.

진심으로 '절실함'이 있고 '꾸준함'을 가진 실패한 원장을 나는 본 적이 없다. 미용실 경영을 잘하는데 필요한 것은 '절실함'과 '꾸준함'이다. 테크닉이나 요령은 그다음 문제이고 배우는 것도 너무 쉽다. 당신이 경영자의 길을 가고자 한다면 이제부터는 절실하고 하기 싫은 일을 꾸준히 하는 것이 먼저가 돼야 한다. 그리고 난 후 많은 생각을 통해 어려움을 어떻게 바라보고 헤쳐가는가에 따라 결과가 달라진다.

앞으로 경영을 하면서 어려움을 맞닥뜨리는 순간에 조금이나마 현명한 판단을 하는 데 이 책이 도움이 되길 진심으로 바란다.

2021년 5월
노장군

차례

펴내는 글   04

1 아는 것과 아는 것 같은 것

목표는 성공이 아니라 성장 ··· 13
"힘들어서 이제 그만 하려고요"

메타인지 ··· 17
"알아요, 그거 다 아는데"

사업과 예술 ··· 23
"돈 벌려고 하는 게 아녜요"

그들의 생각 그들의 경쟁력 ··· 27
"계산을 잘해야 하는데 저는 계산을 잘 못해서…"

턴 어라운드 ··· 31
"저가 미용실 때문에 힘들어졌어요"

좋아하면 방법을, 싫어하면 핑계를 찾는다 ··· 36
"뭘 해본다고 인제 와서 되겠어요"

누구나 중간 이상은 한다고 착각한다 ··· 39
"오픈하면 망하기야 할까!"

분석하지 마라 분석하면 망한다 ··· 44
"상권 분석 어떻게 해야 하나요?"

심플한 결정의 조건 ··· 54
"미용실 인수할 때 제일 중요한 게 뭘까요?"

미러링 ··· 58
"근처에서 일해서 여기에 오픈할까 하는데 어떨까요?"

망하고 후회하는 실수 ··· 61
"저 사람은 도대체 왜 망했나요?"

2 관계 우선의 법칙

모르고 익숙한 것은 눈에 보이지 않는다 … 71
"도통 뭐가 문제인지 모르겠어요"

문제를 단순화해야 해결책이 보인다 … 76
"할 생각은 있는데 뭐부터 해야 할지 모르겠어요"

비법과 법칙은 없다 … 80
"시키는 대로 다 해봤는데 효과가 없어요"

남자 고객 레시피 … 84
"우리는 남자 커트를 잘해서 남자 고객이 너무 많아요"

관계 우선의 법칙 … 89
"우리 애들은 말을 못 해 점판이 잘 안 돼요"

미다스의 손 … 92
"딴 데서 망쳐와도 내가 해주면 다 만족해요"

디자이너 나이가 고객층이다 … 95
"우리 미용실은 연령이 높고 가족 고객이 많아요"

외국에서 오는 고객 … 97
"우리는 멀리서 오는 고객이 많아요"

고객 수에 대한 이해 … 99
"고객 수는 괜찮은데 매출이 안 나와요?"

옵션은 능력인가 … 105
"시술 건수로 뭘 봐야 하는 건가요?"

경쟁력 분석의 끝판왕 … 108
"미용실 간단하게 분석할 방법 없나요?"

시소게임 … 114
"메뉴별 비율이 어떻게 돼야 정상인가요?"

3 기본으로 이긴다

율(率)로 경영하라 … 120
"비용을 줄일까요? 매출을 높일까요?"

미안하지만 그래서 매출을 못하는 거야 … 123
"경력도 많고 기술도 좋은데 왜 매출이 안 나올까?"

하고 싶지도, 할 생각도 없다 … 126
"다른 데서 다 해 할 게 없어요"

기본으로 이긴다 … 129
"딱히 뭐가 없는데 뭐로 경쟁할까요?"

팀제의 효과 … 135
"인력을 효율적으로 운영하는 방법이 없을까"

'비싸다'와 '비싸지만' … 139
"그동안 가격은 제대로 받았어요!"

가격 조사의 함정 … 142
"우리는 딴 데보다 싸요"

주관적인 생각 빼기의 기술 … 146
"가격을 잘못 정한 것 같아요"

메뉴별 비율과 객 수로 판단하자 … 153
"가격을 올리려면 어떻게 하지요"

빚인가 능력인가? … 156
"선불권 하고는 싶은데 고민이 많네요?"

지급의 정석 … 160
"선불제 후불제 뭐가 좋아요?"

안 하는 걸 하고 못 하는 걸 잘해야 한다 … 165
"선불권 하고 싶어도 디자이너가 싫어해요"

순서와 생각을 바꾸면 새로운 상식이 된다 … 168
"선불권 영업 어떻게 하면 잘할 수 있을까요?"

4 시스템 해부

선불권 이노베이션 … 174
"선불권 영업 구체적으로 알고 싶어요?"

청산은 움직이지 않아도 흰 구름이 모여든다 … 180
"직원 구인을 잘하려면 어떻게 해야 하나요"

시스템 해부 … 183
"시스템은 무슨, 직원도 없는데"

형평성과 공평성 … 189
"직원 관리에서 제일 중요한 게 뭘까요?"

그래서 한번 따라 해 볼까 … 192
"구체적으로 시스템 운영사례를 알고 싶어요"

당신의 꿈속에 직원은 어디쯤 있나요 … 203
"돈은 둘째고 애들이나 안 바뀌면 좋겠네요"

원 모어(ONE MORE) … 206
"직원 관리 잘하는 곳은 도대체 뭘 잘하나요"

성장의 역설 … 210
"인턴 쓸 것 같으면 차라리 디자이너 쓰는 게 낫지"

팁 … 213
"인턴에게는 무엇을 가르쳐야 할까요"

코이의 법칙 … 216
"우리 직원들은 왜 그럴까요"

순서를 정해주고 경험하게 해주는 것 … 220
"도대체 뭘 먼저 해야 할까요"

나비 효과 … 224
"경기가 안 좋아 다른데도 다 힘들겠죠?"

약자가 뭉치면 강자가 된다 … 228
"개인 or 프랜차이즈 뭐로 할까요?"

1

아는 것과
아는 것 같은 것

목표는 성공이 아니라 성장

—

"힘들어서 이제 그만 하려고요"

● 오랫동안 성실히 한 길만을 걸어온 당신이 이제는 버티기 힘들다고 말한다. 막연한 '성공'을 위해 끊임없이 '포기'의 유혹과 '실패'의 두려움을 견뎌오며 지쳐버린 것이다.

사람마다 '성공'의 의미는 다르다. 막연하게 돈을 많이 벌고, 미용실을 많이 해서 성공하고 싶다고 말하는 사람은 많지만 구체적인 계획과 명확한 목표를 가지고 있는 사람은 드물다.

또, 망한 원장을 주변 사람들이 실패한 사람이라 말해도 원장이 되는 것이 목표였고 원장이 됐으니 성공했다고 말한다면 성공한 것이다. 매출을 못하는 디자이너도 디자이너가 되는 게 목표였다고 말하면 성공한 것이 된다.

돈을 많이 버는 것, 원장이 되는 것. 미용실을 많이 하는 것. 유명해 지는 것 자체가 목표가 되면 안 되는 이유다. 구체적으로 무엇을 어떻게 하고 싶어 돈을 벌고, 원장이 되고, 유명해지고 싶은지가 명확해야 한다. 그렇지 않으면 어느 순간 공허함이 밀려오면서 지치게 된다.

실체도 불명확한 거창한 성공을 위해 힘들고 지쳐하지 말고 성장해 가는 것에 목표를 두면 어떨까!

어제보다 조금 나은 오늘, 오늘보다 조금 나은 내일을 만들어 가겠다고 생각하면 마음이 한결 가벼워질 것이다. 최선을 다해 열심히 살았지만, 운이 없었다고 말하는 사람들은 어떤 일이든 매번 포기의 유혹을 이겨내지 못한다. 또 최선을 다했다고 말하는 것은 최선을 다하지 않았다는 말이란 것을 모른다.

최선을 다해보면 남들이 노력과 열정으로 만든 자신의 결과를 높게 평가해 주지만 정작 자신은 더 좋은 결과를 만들 수 있었다는 아쉬움이 더 크다. 크게 성장한 이들은 자신의 노력을 말하기보다 운이 좋았다고 말하는 이유다.

물을 끓이는데 100도를 넘기는 찰나의 순간이 임계점이다. 무슨 일을 하더라도 임계점을 넘지 못하면 제로가 된다. 모든 노력이 허사가 되는 것이다.

그럼 지치고 포기하지 않게 성장의 임계점을 넘게 해주는 힘은 무엇일까?

'절실함'과 '절박함'이다.

길을 아는 것과 아는 길을 꾸준하게 가는 것은 다르다. 길을 아는 데만 그치는 사람은 역경을 이겨내며 길을 가는 사람을 비웃는다. 가만히 있지 왜 일을 만들어 힘들게 사냐며 시작도 안 한 자신이 똑똑하다고 착각한다. 꾸준하게 길을 가는 사람은 '절실함' 있는 사람이다.

미용을 하는 데 성장과 쇠퇴를 가르는 것은 대단한 능력 차이가 아니라 '절실함'의 차이라는 것을 많이 보았다. 정말 절실하고 절박한 실패한 사람을 본 적이 없다. 이들은 지루하고, 남들이 하기 싫은 일을 열정을 다해 꾸준히 함으로서 내공과 경험을 쌓고, 그것을 밑천으로 지속적 성장을 한다. 내가 만나본 실패만 했다거나 운이 없었다고 말하는 이들은 입으로만 절실하고 절박한 사람들이었다.

그럼 절실함과 절박함이란 어떤 것일까?

하루 1시간 운동이 필요하다는 것은 모두가 알지만 대다수는 그렇게 하지 않는다. 만약 당신이 불치병에 걸렸는데 유일한 치료법이 하루 1시간 운동이라면 비가 오나 눈이 오나 운동만은 쉬지 않을 것이다.

이런 마음과 행동이 절실함과 절박함이다.

인생의 전부가 미용인 당신이 길을 몰라 힘들어만 하다 포기하지 않길 바란다. 이 책에는 어떤 비법 같은 것은 없다. 미용실 경영에 단언하건대 비법은 존재하지 않는다. 그러나 이 책을 읽으며 비법을 찾아낼지도 모른다. 그것은 당신 마음속의 절실함이 말해주는 선물일 뿐이다. 지금 힘들어 포기하고 싶다면 꼭 기억하자.

죽을 것 같이 힘들다면 임계점에 도달하고 있는 것이다.

당신만 특별히 더 힘든 상황이라 생각하겠지만 크게 성장한 사람들은 모두 당신과 같은 상황을 경험했다.

당신과 그들의 차이는 그 상황에서 어떤 선택을 했느냐 이고 그들은 현명한 선택을 한 사람들이다.

조금만 힘을 내 정상에 오를지 이제 그만 내려갈지 선택은 당신 몫이다.

메타인지

—

"알아요, 그거 다 아는데"

● 어떤 사람을 만나면 잘할지 못할지 어느 정도 감이 온다. 당신이 고객을 보면 돈을 좀 쓸 사람인지, 안 쓸 사람인지 구별해내는 것과 같다.

　기준이 뭐냐고 묻는다면 명확히 이유를 설명하기는 어렵지만 잘하는 사람과 그렇지 못한 사람 간에 차이점은 분명히 있는데 그것을 메타인지라고 부른다.

　메타인지란 내가 무엇을 알고 있고, 모르는지를 자각하는 능력이다. 쉽게 말해 '아는 것'과 '아는 것 같은' 것을 정확히 구별하는 능력이다. 공부를 잘하는 사람은 지능이 높은 것이 아니라 메타인지가 높다고 한다.

　경영이나 미용을 잘하는 사람은 확실히 메타인지가 높다. 이들은 '아는 것 같은' 것을 '진짜 아는 것'으로 만들기 위해 부단히 노력을 한다. 또 겸손한 자세로, 많이 듣고 질문하는 것이 몸에 배어 있는데 직원과 대화를 할 때도 자신의 부족한 점이나, 매장에 불만스러운 점에 대해 진심으로 듣고 개선해 나가려 한다. 그 결과 대다수 원장이 힘들어하는 직원 관리도 잘해 나간다.

메타인지가 낮은 사람들은 자신을 위한 교육에도 아는 내용이다, 시간이 없다, 비싸다 등의 이유를 대며 교육을 외면하는데 이들은 '아는 것 같은' 것을 잘 안다고 착각하고 있기 때문이다.

잘 아는데 하지 못했다면 제대로 아는 것이 아니다. 그들은 이 책의 목차를 보고 이렇게 말할지 모른다.

"무슨 내용인지 다 알겠네."

그렇다. 대충 내용을 짐작할 수 있는 것은 미용실을 잘 운영하는데 남들이 모르는 특별한 무언가가 필요한 것이 아니기 때문이다.

"다 알지 누가 몰라서 못 하나."

그렇다면 당신이 안 하는 이유가 더욱 설명이 안된다.

"당연한 말이긴 한데 우리는 다른 곳들과 상황이 많이 달라."

대다수 자기 미용실과 지역은 특수한 상황이고 지역이라 생각한다. 끝에서 끝까지 6시간 내외면 갈 수 있는 땅덩이에 언어가 다르지도 않고 글로벌 경쟁을 하는 것도 아닌데 특수한 상황이라고 말하는 것은 시야가 그만큼 좁다는 말이기도 하다.

각 지역 원장을 만나 보면 자기 도시와 지역이 전국에서 요금이 가장 싸서 힘들다고 말하는데 딱히 근거는 없다. 전국 매장을 늘 모니터링하는 입장에서 보면 다 거기서 거기다.

광주 사람은 부산을 부산 사람은 대전을 대전 사람은 서울의 환경을 모르니 자신이 처해진 환경이 가장 열악하다고 느끼는 것이다. 다른 것이라고는 각자가 경쟁력이 있냐 없냐의 차이만 있을뿐이다. 지역 경제가 무너져 버려 어렵다는 지역이나, 전국에서 요금이 가장 싸다는 지역에서도 잘되는 곳들은 잘 된다는 사실을 잊지 말자.

"그럼 직접 해보라고 해 말처럼 되나?"

누구도 당신을 대신해 줄 이유가 없다. 하던 안 하던 그것은 당신 선택일 뿐이다. 그러니 이젠 이런 말들로 안일함을 변명하지 말자.

메타인지가 낮은 이들은 기본을 다지기보다 당장 쓸 수 있는 마법 같은 경영 테크닉이나 매뉴얼을 원한다. 미용실 경영은 공식을 외우면 되는 것도 아니고 요령이 있는 것도 아니다.

이 글을 공감하고 이해하지 못하면 테크닉은 잔재주가 되고 매뉴얼은 이면지가 된다. 결코 당신 것도 되지 않고, 오래가지도 않는다. 겸손한 자세로 꾸준히 배우고 실천하며 자신을 바꾸어 가야 한다. 그렇지 않으면 더 이상 변화나 발전은 없다.

신규 여성 파마, 염색 고객 상담을 5분 이상 하고, 모든 고객을 반드시 문밖에 나가 배웅하라면 이렇게 말할 것이다.

"알지요 그거 누가 모르겠어요. 그런데 바쁠 때나 주말에 어떻게 그렇게 해요 고객이 밀리면 쳐내기도 바쁜데."
"저야 그러고 싶죠 근데 디자이너들이 안 해요."
"시술받는 고객이 하다 말고 다른 고객 배웅하면 싫어해요."
"고객이 너무 부담스러워해요."

신규 여성 파마, 염색 고객 상담을 5분 이상 하면 객단가와 재방문율이 얼마나 올라가는지 알고 있다면 왜 하지 않을까?

안다고 착각하기 때문인가?

절실하지 않기 때문인가?

당신은 어느 쪽인가?

5분 이상 상담을 받은 고객은 다른 곳과 '다르다'는 느낌을 받는다. '차별성'을 느끼는 것이다. 모든 영업의 시작은 '다르다'에서 시작해야 한다.

상담이 10분이 넘어가면 고객은 디자이너에게 2~3회 방문했을 때의 친밀도를 보인다. 친밀도는 곧 '신뢰'를 의미한다.

내가 관리하는 브랜드에서 비슷한 요금과 고객 수를 가진 디자이너들의 상담 시간을 비교해 본 결과 매출이 3배까지 차이나는 것을 알게 됐다. 마음만 먹으면 할 수 있는 이 놀랍고 대단한 방법을 알려줘도 믿지 않고 하지 않는다.

이런저런 핑계로 시도조차 하지 않는 당신에게 도대체 뭘 알려 주길 원하는가?

제발 믿음을 갖고 실천해 보자. 주말에 디자이너가 상담이 길어져도 웃으며 기다려 주자. 조만간 그 사람이 보물이 될 것이다. 손이 빠르다고 주말에 고객을 쳐내는 데 급급한 사람을 잘한다고 착각하지 말자. 당신에게 독이 될 것이다.

 모든 고객의 상담을 길게 해 주면 좋지만 현실적으로 고가의 요금이 책정되어 있는 곳이 아니라면 효율성이 떨어지고 꾸준하게 지속하기 힘들다. 그러니 신규 여성 파마, 염색 고객만이라도 반드시 그렇게 하라는 것이다. 시간이 없다고 말한다면 상담 시간을 5분 늘리고 시술 시간을 5분 줄이면 간단하다. 바빠서 못한다는 것은 마음만 바쁘거나 하기 싫다는 것이다.

 많은 클레임이 주말이나 바쁠 때 시술받은 고객에게 발생된다. 그들의 말을 들어 보면 대다수가 바빠서 신경을 안 써줘 문제가 생겼다는 마음이 바닥에 깔려 있다.

 매장에서 뛰지 말라는 것과 상담을 길게 하라는 것은 같은 맥락에서 클레임을 낮출 수 있는 방법이다.

 이제부터 상담 시간의 중요성을 알고 실천해 보자.

 가끔 '다 아시겠지만'으로 대화를 시작하는 사람들과 미팅을 하는 경우가 있다. 그들은 내가 잘 알 거라고 생각하며 본론만 말하는데 가끔은 아는 척하며 듣고 넘어가기도 한다. 하지만 미팅이 끝나면 머릿속이 엉망이 된다. 제대로 알지도 못하면서 아는 척하며 많은 정보를 들으니 정리가 안 되었기 때문이다. 차라리 모른다고 말했다면 상대방도 상세히 말해주어 시간 낭비가 되지 않았을 것이다.

한 제자가 스승에게 질문했다. '스승님 진정으로 아는 것이 무엇입니까?'라는 질문에, '아는 것을 안다고 하고, 모르는 것을 모른다고 하는 것이 진정으로 아는 것이다.' 이렇게 스승은 대답했다.

시험 볼 때 아는 것 같은 문제보다 차라리 모르고 찍은 문제가 맞을 때가 많다.

아는 것 같은 것을 안다고 착각해서 큰 것을 잃지 말고 진정으로 아는 사람이 되어 성공하길 바란다.

사업과 예술

—

"돈 벌려고 하는 게 아녜요"

● 지금 처해진 현실은 과거 당신의 생각과 행동의 결과물이다. 현재 모습이 만족스럽지 않다면 당신에게 미용은 사업인지 예술인지부터 명확히 해야 한다. 그것이 아니면 왜 미용실을 하느냐는 질문에 망설임 없이 답할 수 있어야 한다.

돈을 벌고자 한다면 돈을 번 사람들의 생각을 알고 따라 하기 위해 노력해야 한다. 그들은 미용실 운영은 사업이며 자신은 경영자라고 망설임 없이 말한다.

하지만 그렇지 못한 사람들은 상황에 따라 예술가가 되기도 장사꾼이 되기도 한다. 돈을 벌고 싶은 마음이 있으면서 '돈을 벌려고 미용실을 하는 게 아니다.'라고 말하는 이중적 태도로는 아무것도 바꿀 수 없다. 수단과 방법을 가리지 않고 돈벌이만이 목적이라면 천박하고, 부끄러운 것이다.

하지만 희생과 피나는 노력의 대가로 정당하게 번 돈은 무엇보다 가치가 있다.

예술과 사업 중 어느 것이 좋고 나쁨을 말하려는 것이 아니다. 두 가지를 따로 놓고 보기는 어렵지만 미용이 업인 사람은 태생적으로 예술가 성향이 강하다. 그래서 의식적으로 사업 마인드를 가지려고 노력해야 경영자로써 프로가 될 수 있다.

'프로'라는 단어가 자연스러운 직업은 운동선수, 게이머, 바둑기사 등이 있다. 반대로 스님, 목사님, 학교 선생님 같은 직업에는 프로라는 단어가 낯설고 어색하다.

우리는 어떤 사람들을 프로라고 부르고 있을까?

자신의 노력과 가치를 돈으로 평가받을 수 있는 직업인 앞에 '프로'라는 단어를 사용한다. 반대로 돈으로 가치가 평가되는 것이 사회적으로 문제가 될 수 있는 직업인에게는 프로라는 말을 사용하지 않는다.

돈을 쓰며 여가를 즐기는 사람을 아마추어라고 부르고 힘들게 돈을 벌며 운동하는 사람을 프로라고 부른다. 프로에게 돈이란 인생의 많은 것을 포기하고 노력한 삶의 보상이다.

프로가 되려면 가장 먼저 몰입의 시간을 통해 임계점을 넘어서야 한다. 몰입의 강도에 따라 필요한 시간이 달라지고 내공과 실력에도 차이가 생긴다. 프로가 되는 임계점을 넘을 때까지 무엇보다 중요한 것은 꾸준함이다.

이렇게 말하면 평생 모든 사생활을 포기하라는 말로 오해하는 경우가 있는데 절대 그렇게 하라는 것이 아니다. 1~2년만 꾸준하게 몰입하면 된다.

축구선수 박지성과 발레리나 강수진의 발 사진이 화제가 되었던 적이 있다. 누구라도 그들 발을 보며 감동하였을 것이다.

다행히 우리는 그들처럼 뼈가 휘고 살점이 떨어져 나갈 정도의 노력은 필요하지 않다. 그러니 겁먹지 말고 천천히 꾸준하게 해나가면 된다

- 요행을 바라지 않고 정직한 노력의 대가로 돈을 벌겠다고 결심하자.
- 꾸준히 지루한 몰입의 시간을 피하지 않겠다고 다짐하자.
- 알지만 안 했고, 하기 싫어 피했던 것들을 서두르지 말고 2주에 1가지만 습관으로 만들자.
- 절대 포기하지 않겠다고 맹세하자.

하다 보면 어렵지 않지만 미치게 지루한 순간이 온다. 그럴 때 의심하지 말고 묵묵히 계속해 나가자. 그동안 가르쳐 주는 사람도 없고 방법을 몰라 지금처럼 해왔다면 그것은 당신 잘못이 아니다. 하지만 지금부터 또다시 실패의 되돌이표를 그리고 있다면 절박하지도 노력하지도 않은 당신 책임이다.

지금부터
전혀 긴장할 필요 없다.
비장한 결심은 더욱 필요 없다.
힘들지 않으니 겁먹지 않아도 된다.
대단하지도 특별하지도 않은,
누구나 할 수 있는 조금 지루한 일들만 꾸준히 반복하면 된다.

당신은 그저 그 정도만 노력하면 된다.

그들의 생각 그들의 경쟁력

—

"계산을 잘해야 하는데 저는 계산을 잘 못해서…"

미용실 경영의 핵심이 무엇일까? 기술, 서비스? 아니다. 사람이 가장 중요하다.

경영에 일가견이 있는 분들과 이야기해보면 이구동성 미용사업은 사람 장사라고 말한다. 이들은 사람을 얻기 위해 미련할 정도로 손해도 감수하고 바보 같은 행동도 서슴없이 한다. 그들은 계산적이고 이기적일 거라 생각하는 사람이 많은데 함께 해 보면 따뜻하고 겸손한 사람들이란 것을 금방 알 수 있고 참 똑똑한 사람들이라는 생각을 하게 된다.

가맹점주 중에서 공동 이익보다 자기 이익을 매번 우선시하는 점주들이 있다. 개인 미용실 원장 중에는 재료비 조금 아끼겠다고 수시로 거래처를 바꾸고, 조금 싼 제품을 찾겠다고 몇 시간을 쇼핑몰을 뒤기기도 한다. 이들은 손해 보는 일은 절대 하지 않으려고 한다. 그렇게 사는 것이 세상을 똑똑하게 사는 거라 믿기 때문이다. 인간관계도 자기 이익이 우선되니 사람이 곁에 없다. 사람이 없다는 것이 문제라는 것을 모르고 경기가 안 좋거나 운이 없어 성공하지 못했다고 생각한다. '똑똑한 척하는 바보'들이다.

성장하려면 가장 먼저 덕을 쌓아 주변에 사람을 모아야 한다.

사람을 모으려면 조금 손해 보며 관계를 맺어 가는 것 외에는 왕도가 없다. 덕이란 가치 있는 일을 하는 것이다. 자기 이익만을 위해 사는 삶을 가치 있는 삶이라 생각해 주는 사람은 없다.

주변에서 당신의 성장을 진심으로 바라는 사람들의 숫자만큼 성장할 수 있다. 계산적이고 이기적인 사람의 성장을 어느 누가 진심으로 바라겠는가? 크게 성장한 원장들은 잘 베푸는 사람들이다. 여유가 있으니 그럴 수 있다고 말할지 모르지만 그들은 당신처럼 어려울 때부터 베풀며 사람을 모았기 때문에 지금의 자리에 올라갈 수 있었다.

그들 밑에서 성장한 직원들도 베풀고 양보하는 관계성을 중시한다. 손해를 보는 것이 결코 손해가 아니라는 것과 희생과 배려가 성공의 가장 큰 필요조건이란 걸 오랫동안 보며 배웠기 때문이다.

미용실에는 순번, 휴일, 인센티브, 휴가, 청소문제 등 많은 문제가 끊임없이 생긴다. 그때마다 새롭게 규정을 고치거나 만드는 것은 현실적으로 어렵다. 잘 되는 곳은 배려와 양보가 일상화

된 문화이며 최고의 경쟁력으로 성숙된 문화가 자리 잡혀있다.

직원이 너무 이기적이고 감사할 줄 모른다고 생각하는가? 그 모습이 당신 모습이다. 관계성보다 자기 이익을 우선하는 문화가 생기면 끊임없이 잡음이 생긴다. 원장이 절대 손해 보며 살지 말라며 그것이 똑똑하게 세상을 사는 것이라 온몸으로 가르친 덕분이다. 이기적이고 배려하지 않는 문화가 만들어진 곳을 까마귀 무리라고 부른다. 이런 곳은 광고를 해도 효과가 없고, 급여를 많이 줘도 직원들이 오래 근무하지 못한다. 만약 당신 미용실이 까마귀 집단이 되어 있다면 구성원을 모두 바꾸지 않으면 변화가 어렵다.

하지만 가장 먼저 바꿔야 할 것은 까마귀 무리의 대장인 당신이다. 구성원이 바뀌어도 당신이 바뀌지 않으면 금세 다시 까마귀 무리가 된다.

먼저 손해 볼 줄 아는 바보 같은 똑똑한 백조가 돼야 한다. 그래야 산다.

턴 어라운드

—

"저가 미용실 때문에 힘들어졌어요"

● 사회 전반에 걸쳐 양극화가 빠르게 확산되고 있다. 양극화는 역사적으로 어떠한 시대에도 항상 존재해 왔다. 그럼 미용 시장에서 양극화는 어떤 형태로 나타나고 있을까?

가격이 싼 곳은 물론이고, 비싸도 영업이 잘되는 미용실은 경기나 외부 환경에 크게 영향을 받지 않는다. 경쟁력 있는 사람이나 매장은 환경의 영향을 받지 않고 성장해 가는 것이다. 경쟁력 있는 가격의 미용실이란 싼 가격을 받는 곳 만을 의미하지 않는다. 비싸도 기꺼이 이용하겠다고 인정받는 곳이 진정 경쟁력 있는 가격의 미용실이다.

과거 미용실 선택은 브랜드와 지인의 소개 정도로 이루어졌다면 지금은 다양한 경로로 취득한 많은 정보를 비교해 미용실이나 디자이너를 바꾸는 것이 어렵지 않다. 경쟁력 있는 사람과 매장은 과거보다 더욱 빠르게 급성장하고, 그렇지 못한 곳은 급속도로 하락하는 양극화 현상이 나타나고 있다.

과거 저가 미용실과 최근 저가 미용실은 어떤 차이가 있을까?

과거 저가 미용실은 100~300평 규모로 역세권에 오픈하며 진입장벽을 높였다. 오픈을 하면 대다수 주변 미용실의 매출이 떨어졌지만, 더 잘 되는 미용실도 생겼다.

대형 저가 미용실이 오픈을 했는데 더 잘 되는 곳이란 어떤 곳들이었을까?

가격 경쟁을 하지 않은 곳들이었다.

서비스를 고급화하거나 개인 브랜드에서 프랜차이즈 미용실로 전환하는 등 가격 경쟁 시장에 뛰어들지 않고 가치 경쟁으로 패러다임을 바꾼 곳들이다. 이 전략은 지금도 유효하다. 저가 고가를 막론하고 불만족 고객의 비율은 비슷하다.

미용실의 평균 신규 고객의 재방문율이 28~32%이다. 고객 10명 중 평균 7명이 다시 오지 않는 것이다. 이 숫자는 저가 미용실도 비슷하다. 저가 대형 미용실에 월 고객 수가 1,500~4,000명이라고 하면 약 900~2,400명이 다시 가지 않는다는 것이다. 불만족한 고객 중에서도 심하게 불만족한 고객 비율이 30%라고 하면 300~720명이 된다. 이들은 미용실 이용 후 불만족한 경우 "여기는 다시 안 와야 겠다."라고 한다면 저가 미용실의 불만족 고객은 "다시는 싼 데 가나 봐라."라며 가격보다는 신뢰가 가는 미용실을 찾아간다. 그렇게 가게 된 곳에서는 요금 민감성이 낮아져 비싼 메뉴도 크게 주저하지 않는다.

이런 이유로 경쟁력 있는 미용실은 대형 저가 미용실이 오픈해도 영향을 받지 않는 것이다.

과거 대형 저가 미용실이 급속하게 확장될 때 저가=대형이란 공식이 있어서 50평 미만 미용실 중 가격 경쟁에 뛰어드는 곳은 적었다. 하지만 최근에는 40~50평 저가 브랜드의 성장을 통해 비슷한 규모의 개인 미용실들도 가격 경쟁에 뛰어들고 있다. 과거와 다른 최근 저가 시장의 흐름을 살펴보면,

첫째 규모가 100~300평대에서 40~50평으로 바뀌었다.

둘째 인턴을 채용하지 않는 디자이너 풀서비스가 기본 시스템이 되었다.

셋째 예약제나 선불권, 할인제도는 저가 매장의 영업 전략에 맞지 않지만 치열한 경쟁으로 시행하는 곳이 많아졌다.

넷째 시설 고급화가 빠르게 이루어지고 있다.

다섯째 1인 미용실의 증가와 경기 악화로 과거에는 기술과 경험이 부족한 디자이너들이 실습을 위해 거쳐 가는 곳처럼 인식됐

다면 최근에는 브랜드 매장 출신이나 경력 디자이너들 비율이 높아졌다.

과거 저가 미용실은 박리다매와 회전율이 핵심이었고 인턴 포함 인건비가 30~35% 정도였기 때문에 큰 규모로 운영이 가능했다. 하지만 최근 인턴 임금이 디자이너 정착지원금과 차이가 크지 않아 인건비가 45~55%까지 인상되었고, 대다수 미용실에서 디자이너 풀서비스로 영업 방법을 바꾸었다. 그로 인해 40~50평 규모의 저가 미용실도 영업이 가능해졌다.

또 과거 인턴이 디자이너로 성장하는 과정에서 저가 미용실이 일정 역할을 해주었지만 최근에는 중대형 미용실이 신규 고객 감소로 인턴을 디자이너까지 키워서 저가 미용실로 공급해주는 역현상이 나타나고 있다.

지난 30년간의 미용 시장을 보았을 때 저가 미용실의 영향으로 미용요금이 하락했다고 생각하는 관점은 일부는 맞지만 그 이유가 절대적인 요인은 아니다. 더 큰 요인은 국내 미용실 구조에 있다. 96%이상이 4인 이하 소형 미용실로 되어 있고 전체 미용실 숫자도 인구 대비 다른 나라와 비교해 과도한 상태에서 발생한 치열한 가격 경쟁이 더 크게 작용하고 있다.

그러면 저가 미용실을 이용하는 고객들은 어떤 사람들일까? 소득이 낮거나 외모에 신경을 쓰지 않는 사람들이 아니라 가성비 낮은 미용실에 실망한 고객들이다. 영업이 어렵다면 고객들이 미용실 가성비가 떨어진다고 느끼기 때문이지 저가 미용실 탓이나 주변 미용실의 가격 정책 때문이 아니다.

다행히 미용실은 최첨단 반도체 사업이 아니어서 특별한 능력이나 재능을 가지고 있는 사람만 잘할 수 있는 것이 아니다.

경쟁 미용실보다 가격, 인테리어, 직원 수가 부족해 경쟁력이 떨어진다면 경쟁의 패러다임을 바꾸자.

대단한 것이 아니라 당신과 당신 미용실이 잘할 수 있는 것을 경쟁력으로 만들면 된다.

좋아하면 방법을, 싫어하면 핑계를 찾는다

"뭘 해본다고 인제 와서 되겠어요"

처음 시작했던 13평 미용실은 주변 20여 개 미용실 중 가장 작은 곳이었다.

인테리어, 평수, 브랜드, 기술도 떨어지는 곳에서 어떻게 9명이 근무할 수 있었을까?

흔히 미용실은 기술만 좋으면 된다고 하지만 우리는 '기술이 좋다'라는 평가를 받기가 쉽지 않았다. 기술 좋은 디자이너가 교통도 불편하고 별다른 비전도 없는 작은 동네 미용실에서 근무할리 만무했기 때문이다. 그래도 일단 시작은 했으니 잘 되게 만들 방법을 찾아야 했다. 많은 고민 끝에 결정한 것은,

'가성비 좋은 친절한 동네 미용실'이었다.

'친절'한 단어를 선점하기 위해 시작한 것이 인사였다. 인사의

효과성을 처음부터 알았던 것은 아니고 직원들이 인사조차 제대로 하지 않아 서비스의 기본부터 시작해야 했다. 결과적으로 인사 방법만 개선해도 매출이 상승하는 것을 경험했고 서비스 중에 가장 효과 좋은 것은 인사라는 것을 배우게 되었다. 그 이후 여러 미용실을 컨설팅해주면서 평균 최소 20% 이상의 매출 상승효과가 나는 것을 경험했다.

그 당시 인사가 영업에 어떤 영향을 미치는지 객관적 자료가 있는 것도 아니고 당장 효과가 눈에 보이는 것도 아니다 보니 확신이 없었다. 인사를 개선하는 시간과 노력을 다른 쪽에 집중하는 것이 낫지 않을까 하는 갈등도 심했다.

하지만 넉넉하지 못한 상황에서 돈 없이 할 수 있는 것이 그리 많지 않았기 때문에 선택했던 방법이 결정적으로 성장의 기초가 되었다.

서비스는 고객의 기대하는 동네 미용실 수준보다 조금 높게 좌식 샴푸, 토닉, 핫 타월, 앞면 케어 필름, 일회용 비닐 가운 서비스 등을 했고 커트비는 1,000~2,000원 파마는 10,000원 정도 주변보다 조금 낮게 책정을 했다.

이렇게 인사와 서비스를 하나씩 개선시켜 나가니 4월에 매장을 인수했는데 11월쯤 되니 커트 고객이 약 1,000명까지 증가했고 고객 수는 1,300명이 되었다. 커트 고객이 최고 1,200명까지 올라가기도 했는데. 미용실이 아니라 남자 커트 전문점이었다. 추운 날씨에도 고객들이 매장 앞에 줄을 서기도 했다.

작은 동네 미용실에 고객이 기대하는 기술과 서비스, 친절함은 그리 높지 않았다. 경쟁력은 반드시 규모나 시설, 가격만이 아님을 다시 한번 말하고 싶다. 사람들은 보이는 것을 믿는 것이 아니라 믿는 것을 보려 한다는 것을 기억하자. 그러니 먼저 사람을 모아야 한다. 고객도 직원도…….

사람이 모이는 곳은 반드시 이익이 따른다. 당장 이익이 없어도 사람을 모으는데 집중해야 한다.

만약 인테리어가 노후되었다면 빨리 매장을 사람으로 채워야 한다. 장사하는 곳은 사람의 온기가 있어야 한다. 고객이 많으면 낡은 가구는 스토리 있는 엔틱 가구가 되고 작은 친절은 감동을 준다.

하지만 인테리어가 낡았다면 가능하면 대출을 받아서라도 투자를 권하고 싶다. 단지 영업적 이유뿐만 아니라 강제로 당신을 절실하고 절박하게 만들 수 있기 때문이다. 영업이 안되면 원가와 단가라는 말을 많이 하는데 고객이 없으니 원가를 줄이고, 단가를 높여야 한다고 생각한다. 잘되는 곳과는 정 반대의 생각을 하는 것이다.

지금부터 당신의 절실함과 절박함이
어떤 기적을 만들어 낼지 무척 궁금하다.
당신은 분명히 해 낼 것을 믿는다.

누구나 중간 이상은 한다고 착각한다

—

"오픈하면 망하기야 할까!"

● 누구나 자기가 실패할 거라고 생각하고 오픈하는 사람은 없다. 최소한 자기는 중간 이상은 할 것이라 자신한다.

매출이 저조했던 디자이너는 근무한 곳이 문제가 있어 그렇지 자기는 잘했다고 생각한다. 그래서 오픈을 하면 망할 리 없다고 확신한다. 매출을 잘했던 디자이너 역시 망할 수 있다는 생각을 1%도 하지 않는다.

오픈은 아마추어에서 프로로 무대를 옮기는 것이고 그동안 상대했던 경쟁자와 차원이 다른 경쟁자를 만나는 것이다.

몇 년 전 유행했던 가수 오디션 프로그램 심사평에 '발전 가능성'이란 말이 자주 언급됐다. 지금은 잘한다 해도 나쁜 습관과 잘못된 스타일이 강하면 발전을 기대할 수 없어 차라리 원석 같은 사람을 가르치는 것이 더 쉽고 효과가 높다는 것이었다.

발전하기 위해서는 변해야 하고, 변하기 위해서는 믿었던 것을 버리고 새로운 것을 채울 수 있어한다. 그 시작이 겸손이다. 겸손은 쉽지 않고 가르치거나 배울 방법도 딱히 없다. 조금만 알아도 아는 척하고 조금만 잘해도 뽐내고 싶어 지는 게 사람의 본성이기 때문이다.

기술은 가르칠 수 있지만 겸손함을 가르칠 방법은 마땅치 않다. 그저 스스로 자기의 부족함을 인정하고 꾸준히 노력하는 수밖에 없다.

최고의 선수가 최고의 감독이 되는 경우는 드물다. 선수 때는 자기 실력이 능력이지만 감독은 다른 사람의 기량을 높여주는 것이 능력이다. 선수가 실력이 없다고 감독이 대신 뛰어 줄 수 없고 선수와 감독은 필요한 능력과 역할이 다르다.

디자이너 시기에는 경영이나 관리에 관심을 두지도 배우지도 않는다. 원장이 되고 나면 경영과 관리를 배우지 못했으니 규모에 상관없이 누구나 성장통을 경험하게 된다.

매출을 잘했던 디자이너는 자기의 경험과 방법을 원칙과 소신으로 만든다. 그 경험과 방법이 다른 사람에게는 맞지 않을 수 있다는 것을 생각하지 못한다.

모든 것이 빠르게 변하고 시대와 환경에 따라 과거 경험과 방법이 오히려 성장에 걸림돌이 되기도 한다.

그동안 평범했던 디자이너가 경영을 잘하는 경우를 많이 보았다. 특히 다점포 원장들을 보면 디자이너 시절 탁월하게 뛰어났던 사람보다 그리 눈에 띄지 않던 경우가 많다. 자신이 다른 사람보다 뛰어나지 않은 것을 인정하고 더욱 성실하게 노력하며 자기의 경험과 방법을 직원들에게 강요하지 않는다. 직원들이 더 뛰어나다고 생각하기 때문에 의견을 존중하고 공감대를 만들며 함께 성장해 간다.

시스템을 모르고 매뉴얼이 없어 망하는 미용실은 없다. 현실을 인정하지 않고 과거 경험에 집착하는 원장이 있기 때문에 망하는 것이다. 자기의 생각과 방식을 고집하며 경영해 결과가 좋지 않았다면 다시 차근차근 만들어 가면 되는데 해왔던 시간과 노력이 아깝다는 이유로 또 다른 요령을 찾기 시작한다.

이럴 때 어떤 것 한 두 가지만 하면 절대 성공한다고 말하는 사람들의 유혹에 빠지는 것이다.

경영에 마법 같은 비법은 없다.

기본기 없이 절대 성공을 보장해 주는 충분조건이란 세상에 없다.

그러나 절대 망하지 않는 것은 어느 정도 가능하다. 해야 할 것을 꾸준히 하고 하지 말아야 할 것을 꾸준히 하지 않으면 최소한 실패하지는 않는다.

하지만 왜 대다수는 하지 않고 못 하는 걸까?

기본기란 것이 멋지거나 새로운 것들이 아니고 시시하고 지루해 보이기 때문에 꾸준히 하지 않는다. 하지만 재미없고 지루한 기본기가 없으면 시간이 흘러도 경쟁력이 아닌 요령만 쌓이게 된다. 그래서 성과가 없고 잠시 성과가 있어 보여도 오래가지 못하는 것이다.

사람들은 새로운 것을 해야 무엇을 한 것 같아 중요하지 않은 흥미로운 일이나 요령을 배우려고만 한다. 기본 공식이나 개념을 이해하지 않고 시험 문제만 열심히 외우니 응용문제가 나오면 풀지 못하는 것이다.

아는 것과 행동하는 것은 완전히 다르다. 건강해지려면 담배를 끊어야 한다는 것은 알지만 혼자만의 의지로는 쉽지 않다. 그럴 때는 뜻을 함께하는 2~3명과 서로 격려하며 지치지 않게 해 나가는 것도 좋은 방법이다.

더 좋은 방법은 미용실을 직접 운영해 성공시킨 사람을 찾아 도움을 받는 것이다. 멘토를 찾는 과정도 중요한 공부가 되는데 그들의 살아온 인생과 어려움을 어떻게 헤쳐 왔는지를 살펴보는 것만으로도 큰 공부가 된다. 멘토를 만나게 되면 최소 몇 년의 시행착오를 줄이거나 인생이 바뀔 수도 있다.

다행인지 불행인지 모르지만 이렇게 친절히 말해줘도 행동하는 사람은 10명 중 1명이다. 알고도 행동하지 않기 때문에 절실함을 가진 행동하는 사람은 성공할 확률이 높다. 대다수 사람은 멘토를 찾아보려는 시도조차 하지 않고 자기의 알량한 경험과 지식으로 오픈을 하지만 현실은 몇 년 안에 좌절을 맛본다.

가끔 조언을 구하러 찾아오는 이들을 만나보면 그들의 열정과 노력에 감동을 받고 오히려 많은 것을 배우기도 한다. 성공한 사람들은 정성을 다해 노력하는 사람들을 기꺼이 도우려 하는데 그 인연으로 오픈 후에도 일이 생길 때마다 든든한 조언자가 되어 주기도 한다.

성공한 사람들은 남을 기꺼이 돕고 인연을 소중하게 여기는 마음을 가진 사람들이다. 그래서 그 자리에 올라갈 수 있었던 것이다.

절실하고 절박한데 무엇을 망설이는가?
다른 사람에게 진심 어린 도움을 구할 줄 아는 것도 경영자의 능력 중 하나다.
지금, 이 순간,
당신의 멘토가 어디선가 당신을 기다리고 있다

분석하지 마라 분석하면 망한다

—

"상권 분석 어떻게 해야 하나요?"

• '상권과 점포를 철저히 조사하고 분석해야 실패하지 않는다.' 맞는 말이지만 현실적으로 쉽지 않고 설령 좋은 곳을 찾았다 해도 그곳의 작자가 당신이 될 확률은 낮다. 아니 불가능하다. 상담을 오면 상권분석을 해주기도 하지만 정작 나는 미용실을 오픈하거나 인수할 때는 상권분석을 해 본 적이 없다. 그저 아래의 기준 정도로만 결정했을 뿐이다.

첫째 경험 통해 만들어진 나의 원칙

둘째 직감이 뛰어난 헤어디자이너 아내의 느낌

셋째 오랫동안 장사를 하셨던 장모님의 감,

이것이 전부다.

만약 당신이 책이나 방송에서 말하는 '이런 곳에 절대로 들어

가지 말아라'라는 말을 굳게 믿고 점포를 얻으려 한다면 아마 점포를 구하기도 전에 지쳐 쓰러질 것이다. 단언컨대 단점 없는 곳은 없다.

가끔 좋은 자리에 있는 미용실을 보며 자신도 그런 곳을 얻을 수 있으리라는 희망을 가지고 점포를 구하는데 그것이 얼마나 어리석은 생각인지 깨닫게 되는데 그리 오래 걸리지 않을 것이다. 찾았다 해도 권리금이나 월세 등이 당신과 맞지 않을 가능성이 높다. 그곳들은 과거에는 좋지 않았지만 상권이 좋아지며 함께 좋아졌거나 권리금을 많이 지불한 곳들이다. 그렇지 않은 경우에는 외관 공사를 통해 눈에 띄게 만든 경우다.

오죽하면 점포를 구하는 것을 개발이라고 부르겠는가? 그럼 어떻게 점포를 구하면 그나마 실패 확률을 낮출 수 있을까?

상권분석이 필요 없는 곳에서 점포를 찾아야 한다. 사는 곳에서 차로 20분 이내 지역 중 30분 이상 상권에 대해 말할 수 있으면 오케이다. 현재 미용실을 하고 있다면 자기 상권에 대해 1시간은 말할 수 있을 것이다. 이렇게 말할 수 있는 곳에 점포를 얻어야 한다.

이것이 왜 중요할까?

오픈을 하면 예상했던 결과보다 영업이 안된다고 생각해야 한다. 흔히 오픈 후 6개월 정도 적자가 난다고 쉽게들 말하는데 다른 업종은 모르지만, 미용실은 오픈 후 3개월 이상 적자가 나면 몇 개를 오픈해 본 사람도 머리가 아니라 심장이 반응한다. 머리로 이성적 고통을 이겨내는 것과 심장이 놀라 반응하는 것은 완전히 다르다. 그런 상황에 "적자 날 줄 알고 있어서 걱정하지 않아"라며 여유롭게 말할 수 있을 것 같은가? 이런 경우는 두 가지다.

하나는 오픈 경험이 많고 적자를 견디는 데 부담이 적은 노련한 원장이 시스템 정착을 위해 적자를 감내하며 기다리는 경우다. 이런 경우도 6개월까지 적자를 감내하지는 않는다.

또 다른 유형은 오픈하면 6개월 정도 적자가 난다는 말을 믿고 6개월 후에는 무슨 극적 반전이 생길 것처럼 하루하루를 보내는 경우다. 하지만 두 유형 역시 전체 오픈하는 사람들의 10%도 채 되지 않는다. 대다수 90%는 불안과 초조함에 서서히 이성과 객관성을 잃어 간다. 당신은 이성적이고 경험이 많아 적자가 나는 상황도 차분하게 대응할 수 있을 것이라 생각하는가? 잘 안된다. 어렵다.

나 역시 미용실을 인수했을 때 이미 10년 동안 수백 개의 미용실 오픈과 관리 경험을 가지고 있었다. 그런데 내 미용실을 시작하며 적자가 지속되니 그동안 경험과 계획들이 하나도 떠오르지 않고 당황스러울 뿐이었다. 아는 만큼 두려움이 커지고 점점 객관성을 잃어가는 것을 경험했다. 그런데 경험 없는 사람이 적자 상황에서 경영을 이성적으로 해 간다는 것은 쉽지 않다. 그런 상황에서 그나마 잘 아는 곳이라면 심리적 안정과 해결책을 찾기가 조금 수월해진다. 분석할 필요 없는 잘 아는 곳을 선택해야 하는 이유다.

또 다른 이유는 좋은 점포를 얻으려면 부동산과 친해져야 하는데 그러려면 자주 봐야 된다. 부동산 사장 입장에서 좋은 점포가 나오면 잘 알고 지낸 사람에게 먼저 연락하는 게 당연하다. 본사에 근무하며 얻은 좋은 점포는 부동산 사장과 최소 5번 이상 만나 친해진 후 소개받았던 점포들이었다. 간혹 모르는 지역이라도 잘 분석하면 좋은 곳을 얻을 수도 있지 않겠냐고 말하는데 어떻게 잘 분석할 것인가?

오전, 오후, 평일, 주말 잠깐씩 답사하고 그 상권을 파악할 수 있다고 생각하는가? 경험이 많아도 쉽지 않다. 또 꼼꼼하게 분석하는 동안 좋은 자리는 이미 나가고 없을 것이다. 좋은 점포를 소개받으면 2~3일 안에 결정해야 한다. 어떤 경우에는 하루만에 결정해야 할 때도 있다. 분석해 결정한다면 이미 늦다.

그럼 잘 아는 상권에서 좋은 점포를 얻는 몇 가지 팁을 알아보자.

하나, 미용실은 상권과 입지 중 하나를 선택하라고 하면 입지를 선택해야 한다. 예를 들어 일반적으로 좋다고 해서 홍대 상권에 들어가려고 하는 사람이 투자금을 1억으로 생각한다면 아마도 홍대와 합정, 상수, 신촌의 경계에 있는 C급 입지로 들어가야 할 것이다. 그럴 바에는 중소형 상권의 배후 세대가 있는 곳의 A급 입지에 들어가는 것이 훨씬 성공할 가능성이 높다. 그리고 중소형 미용실은 대로를 고집하기보다는 대로 이면도로 모퉁이 건물에 사람들 주동선인 곳을 얻는 것이 훨씬 경제적이고 유리하다. 자금이 많지 않다면 기억하자. 좋은 상권보다는 좋은 입지를 찾고, 대로 2층보다는 사람들의 주동선이 있는 이면도로 1층이 더 낫다.

둘, 아이스크림, 햄버거 등과 같이 유명 프랜차이즈 점포가 위치하고 있다고 해서 꼭 좋은 입지는 아니다. 이름만 들으면 아는 프랜차이즈 가맹점은 지역에서 독점을 주기 때문에 굳이 임대료가 높은 특 A급 상권에 들어갈 필요는 없다. 간혹 유명 프랜차이즈 가맹점이 있다고 생각 없이 비싼 월세나 권리금을 주고 들어가는 경우가 있는데 현재 운영하고 있는 미용실은 같은 건물에 유명 프랜차이즈 가맹점들이 많이 망해 나갔다. 꼭 유명 프랜차이즈가 입점되어 있다고 해서 좋은 입지라고 생각하지는 말자.

셋, 카카오 맵을 잘 활용하면 상권을 쉽게 파악할 수 있다. 카카오 맵에서 연도별 해당 입지나 상권을 촬영한 이미지를 비교해 볼 수 있는데 그것을 꼼꼼히만 살펴봐도 상권이 어떻게 변화하고 있는지 파악이 가능하다. 예를 들어 과거에 점포가 공실이 많았는데 지금은 공실이 없다면 건물이나 주변 환경이 좋아진 것이고, 반대로 공실은 없지만 업종이 식당, 편의점처럼 유동인구를 많이 필요로 하는 업종에서 표구점, 자전거 수리점, 기능성 식품 판매점 같은 업종으로 바뀌었다면 부정적으로 판단해야 한다.

넷, 중소형 미용실은 배후세대를 감안해서 자리를 찾아야 한다. 배후 세대로 아파트 단지가 있다면 세대수에 따라 오픈 콘셉트가 달라져야 한다. 500세대 정도의 아파트 상권은 1~2인 살롱이 적합하다. 3~5인 정도 근무하는 미용실이라면 최소 1,500~2,000세대는 배후세대를 가지고 있어야 한다. 또 저가 매장의 경우에는 유동인구가 많거나 3,000~4,000세대 정도의 배후 세대가 있는 곳을 선택하는 것이 좋다.

다섯, 대형건물 옆, 은행, 병원, 사우나, 스포츠센터가 있으면 좋다고 생각하는데 경험상 이런 곳에 위치한 미용실은 대체로 영업이 잘 되지 않는다. 은행 건물 옆이나 2층은 초저녁부터 어둡고 썰렁한 느낌이 들어 사람들의 통행이 빨리 끊긴다. 백화점이나 마트 옆 동선도 통행이 적다. 이런 곳을 부동산에서 집객시설이다 유동인구가 많다, 거기 직원들만 잡아도 영업은 잘 될 거라고 말하면 쉽게 넘어가 높은 권리금이나 임대료를 주고 얻는 경우가 많은데 주의해야 한다.

여섯, 아파트 단지나 주택지와 상업지 70:30 정도로 형성되어 있는 곳이 좋다. 주변에 거주지가 없는 상업지 상권은 이미 경쟁이 치열하다. 신규 고객 유입을 위한 마케팅 비용과 치열한 가격 경쟁을 각오해야 한다. 또 임대료도 거품이 많아 처음 오픈하는 사람들에게는 적당하지 않다. 명동. 이대. 신촌. 홍대. 건대, 강남역 같은 곳이다. 미용실은 전문점 개념에서 편의점 개념으로 바뀌었다는 것을 명심해야 한다.

일곱, 작은 상권은 큰 상권에 흡수된다. 지하철 2호선에서 당산역, 신도림역이 활성화되면 문래역, 영등포구청역 상권이 크게 활성화되지 못한다. 구로디지털단지역과 신림역 사이의 신대방역, 신림역과 서울대역 사이 봉천역 상권은 활성화가 안 된다. 만약 브랜드이고 규모, 시설에 경쟁력이 있다면 큰 상권에 오픈하는 것이 맞지만, 30평 이하는 오히려 중 소형 상권을 공략하는 것도 좋다. 직원 출퇴근 측면에서 지하철을 이용한다면 같은 노선의 한 정거장 차이인 신림역이나 봉천역이나 큰 차이가 없다. 중소 도시의 경우 번화가 근처의 아파트 단지가 있는 곳은 번화가나 마찬가지로 직원 교통은 문제되지 않는다.

여덟, 노점상을 잘 살펴라. 같은 도로라도 노점상이 자리를 잡는 곳이 있다. 노점상은 그 지역 최고의 상권 전문가다. 노점상보다 동선을 잘 아는 사람은 없다. 주변에 대규모 아파트 입점이나 재개발 계획이 없다면 노점상이 있는 위치는 크게 바뀌지 않는다. 그곳이 길목이다. 일반적으로 노점상이 많은 곳은 어수선하고 복잡하다. 이런 상권에는 원장의 나이가 40대 이상이고 규모가 크지 않은 매장을 오픈할 때 유리하다. 하지만 젊은 원장은 이런 곳은 피하는 것이 좋다. 노점상 라인에 들어가야 한다면 중간에 위치한 건물보다 노점상이 끝나는 지점이 낫다.

아홉, 신도시 초기 입주 시기에 오픈할 때는 점포의 위치가 크게 중요하지 않다. 신도시나 대규모 개발지역에 1인 살롱 또는 팀을 만들어 오픈하면 실패하지 않았다. 신규 고객이나 경쟁업체보다 직원이 없어서 실패하는 경우가 많았기 때문이다. 하지만 최근 신도시나 대규모 개발지역에서 상가들이 임대가 안 되고 줄줄이 망해 나가는 것이 과거보다 심해졌다. 그 이유는 상업용 건물이 수익성이 높다 보니 개발업자들이 상권 규모에 비해 과도하게 상업용 건물을 지었기 때문이다. 이런 곳을 선점을 위해 초기에 들어가는 것보다 2~3년 후에 상권의 변화를 보며 권리금을 주고 들어가겠다고 생각하며 여유로운 마음으로 상권의 변화를 주시하며 기다리는 것이 현명하다. 2~3년간 죽도록 고생하고 상권이 안정화될 때쯤이면 이미 지치고 자금도 바닥난 상황에서 새로 오픈하는 자금력 있고 열정적인 사람들과 경쟁을 하는 것이 쉬운 일이 아니다.

열, 소비 수준이 낮은 동네에도 건물주나 집주인이 산다. 중소형 미용실은 이런 지역을 공략하는 것이 현명한 전략일 수 있다. 앞서 말한 상권보다는 입지를 보라는 의미에 해당된다. 경쟁업체의 수준도 낮고, 조금만 투자하고. 노력하면 일반적으로 A급 상권이라는 곳보다 투자비를 적게 들이며 수익률을 극대화 시킬 수 있다. 동네 수준이 낮아 고객 수준이 낮은 것이 아니라 미용실 수준이 낮아 소비 수준이 높은 고객이 오지 않는 것이다.

열하나, 보통 부동산에 물건이 나오면 주변 부동산들과 공유되는 물건이 있고, 단독(전속) 물건이 있다. 부동산 입장에서는 좋은 단독 물건이 수익성이 좋은 게 당연하다. 하지만 당신에게 그 물건을 알려주면 주변 부동산을 돌며 의견을 물어볼 것이다. 그 순간부터 단독이 아니라 공유 물건이 돼버린다. 부동산 입장에서 그런 리스크를 굳이 만들 이유가 없다. 그래서 부동산에서 확실히 믿고 신뢰할 수 있게 만들기 위해서는 자주 보며 의지를 보여 주는 것이 좋다. 또 중계 수수료를 넉넉하게 지불해 주겠다는 의사도 미리 말해 두자. 보통 중계 수수료를 깎으려고만 하는데 반대로 수수료를 후하게 주겠다고 하면 좀 더 긍정적으로 생각할 수밖에 없다.

열둘, 위치보다도 중요할 수 있는 점포 방향을 많은 사람이 놓치고 간다. 남향 점포를 선택할 때는 많이 고민해야 한다. 강한 햇빛으로 창가 쪽 공간은 정상적으로 사용할 수 없기 때문이다. 남향 점포를 결정해야 한다면 창가를 등지고 고객 대기석 만들거나 자연광을 이용한 포토존, 컬러바 등을 만드는 것처럼 확실한 해결책을 준비해야 한다. 남향 점포를 얻고 창가 쪽에 경대나 대기석을 만들었다면 낮 시간 대부분 블라인드를 치고 정상적으로 사용할 수 없게 된다. 다니다 보면 남향 미용실보다 북향 미용실이 잘되는 경우가 많다. 미용실은 북향이 좋고 그다음이 동향이다.

가끔 사는 곳 주변에서 점포를 찾으라고 하면 할 만한 자리가 없다고 하는데 고정관념이다. 근처에서 오랫동안 미용실을 하던 사람들은 어렵다고 외면하는 망한 미용실을 정작 타 지역 사람이 와서 잘 되게 만드는 경우가 많다. 그 지역에서 오랫동안 미용실을 한 사람들은 자신들이 그 지역을 잘 안다고 생각하는 고정관념으로 영업부진의 원인보다 결과에 집중해서, 할 만한 미용실이 보이지 않는 것이다.

또 자금 수준은 20평 자리를 찾아야 하는데 50평 규모의 입지나 상권에서 찾으니 자리가 없을 수밖에 없다. 마지막으로 오늘은 없어도 내일은 나올 수 있는 것이 점포인데 꾸준히 부동산을 찾아다니는 것이 아니라 한번 몇 군데 돌아보고 자리가 없다고 말하는 경우도 많다.

자리는 무조건 있다.

조급해하지 말고 시간을 가지고 꾸준히 부동산을 찾아 다니자. 그렇게 점포를 찾고, 결정의 순간에 이 말을 기억하자. 좋은 자리는 만드는 것이다.

자리가 성공을 보장해 주지는 않는다.

심플한 결정의 조건

—

"미용실 인수할 때 제일 중요한 게 뭘까요?"

• 13평짜리 망한 미용실을 시작으로 1년 만에 두 번째 미용실을 인수했는데 이곳 역시 매매가 되질 않아 두 달 정도 문을 닫아 두었던 곳이었다. 그 당시 같은 층 90% 공실이었고 지금까지 영업해 오는 동안 같은 건물에서 이름만 들으면 알만한 유명 브랜드 점포들이 폐업했다. 현재는 메이저 미용실 브랜드로 전환해 운영하고 있는데 같은 층에는 미용실이 안정화되면서 피부샵이 3개나 들어와 있다. 왜 기존에 영업을 하던 미용실이나 망한 곳에 관심을 가졌을까?

경험이 없는 개인이 중소형 미용실을 오픈하며 매출과 발생할 수 있는 문제를 예측한다는 것은 매우 어렵다. 하지만 기존 미용실은 예상 매출과 위험을 어느 정도 예측할 수 있다. 그래서 기존 미용실을 인수하는 것을 선호하는데 나만의 판단 기준은 4가지이다.

첫 번째, 현재 오너가 나보다 경영을 잘하는 사람인지 살펴본다. 그동안 인수했던 곳들이 일반인 오너였던 것도 최소한 일반인보다는 잘할 수 있으리라 판단했기 때문이다.

두 번째, 과거 최고 매출로 수익성을 판단해 본다. 최고 매출이 너무 낮고 평균 매출이 손익분기점에서 20% 이상 적자가 나고 있다면 원인이 무엇인지 살펴보고 해결할 수 있다는 확신이 들면 긍정적으로 검토한다.

세 번째, 투자금의 적정성이다. 인수금액이 낮은 것도 중요하지만 인수 후 인테리어, 기자재 교체, 보수 공사 등으로 추가 비용이 많이 들어 배보다 배꼽이 커지는 경우가 많다. 또 광고비와 예비비를 인수 금액에서 30% 정도 예상하고 준비한다. 경험이 많아도 예상치 못한 일이 생기면 잘못된 판단을 하기 쉬운데 거기에 자금까지 없다면 망하기 쉽다.

네 번째, 직원 교통편이다. 가능하면 지하철역에서 5~10분 이내의 지역에서 찾는다. 아무리 상권이 좋고, 유동인구가 많아도 직원들의 교통편이 불편하면 제외시킨다.

이렇게 4가지 조건이 맞는다면 다른 것은 크게 개의치 않는다. 이런 방식으로 자기만의 기준을 정하면 되는데 기준은 시기나 처해진 상황에 따라 바뀐다. 싸면서 좋은 것은 없다. 무엇이든 적정한 대가를 지불해야 한다. 돈이 적게 든다면 반드시 노력과 시간으로 채워야 한다. 반대로 노력과 시간이 적게 드는 곳은 돈으로 대가를 지불해야 한다.

점포를 구할 때 중요하게 생각하는 자신만의 기준을 5가지 정해 보자. 이 작업은 생각보다 쉽지 않을 것이다. 중요하다고 생각하는 모든 것을 적어보고 그중에서 5가지를 결정하는 것인데 매우 어렵다. 하나라도 포기하면 미용실이 망할 것 같아 포기가 쉽지 않기 때문이다. 짧게는 1주일 길게는 한 달 정도 고민하다 보면 정리가 될 것이다.

함께 이 작업을 해보기로 하자. 나와 같은 기준을 가지고 기존 점포를 찾는다고 하면,

- 기존 원장이 나보다 못하는 사람이어야 한다.
- 최고 매출이 내가 생각하는 투자 대비 수익률에 맞아야 한다.
- 예비비 30%를 포함한 투자금액이 적당해야 한다.
- 직원 수급을 위한 교통편이 좋아야 한다.

당신이 광고에 자신이 없어 간판 자리가 좋고 유동인구가 많

은 1층 점포를 선호한다면 그것을 적으면 된다. 이렇게 넣고 빼기를 하면서 장단점에 대해 많이 고민해 보고 그에 따른 준비를 하게 되면 당연히 실패 확률이 낮아지는데 혹시 빠르게 기준을 정하지 못한다고 괴로워할 필요는 없다. 생각할수록 결정이 어렵고 스트레스도 많이 받게 되지만 절대 이 과정을 생략하면 안 된다. 비싼 권리금을 주고 잘되는 미용실을 인수했다면 모를까 대다수 인수하는 곳들은 영업이 안 되고 직원 관리가 어려웠던 곳들일 것이다.

그런 곳을 인수하면 무조건 힘들다고 생각해야 한다. 준비가 안되어 있는 상황에서 3개월 정도 적자가 나면 광고조차 쓸데없는 돈 낭비처럼 느껴지고 당황하며 방향을 잃어버리기 쉽다. 이때 흔들리지 않기 위해 반드시 확고한 기준과 준비되어 있는 무기가 있어야 실패하지 않는다.

미러링

—

"근처에서 일해서 여기에 오픈할까 하는데 어떨까요?"

● 수년 전 가맹 상담을 했던 이야기이다.

상담자가 투자금도 충분한데 역세권 이면도로에 있는 점포를 알아보고 있었다. 이유가 근처에서 일하고 있어 고객을 데리고 나올 수 있다는 단순한 생각 때문이었다. 이야기를 듣다 보니 경험이 없어 그런 생각을 할 수도 있겠다 싶어 여러 사례를 들려주며 만류했지만 기어이 근무했던 곳 바로 앞에 점포를 구했다. 내 기억으로는 2~3년 영업 후 폐점됐던 거로 기억한다. 이런 경우 대체로 영업이 어려워지는데 이유가 무엇일까?

첫째, 기존 고객을 최우선으로 점포를 찾게 되고 디자이너 매출이 나오는 곳이라면 상권이 나쁘지는 않은 곳이다. 그런 상권에서 기존 매장보다 좋은 점포를 구한다는 것은 쉽지 않다. 행여 점포가 있다 해도 권리금이 높아 들어가기 어렵다. 그렇다 보니 기존 고객이 없었다면 절대 들어가지 않았을 자리를 어리석게 선택하고 만다. 위치가 좋지 않고 신규 고객도 적은 곳에서 오픈을 하게 되면 초보 원장으로 배워야 할 것도 많고, 신경 쓸 일도 많은데 정작 자기 고객 시술에 바빠 중요한 것들을 놓치게 된다. 그로 인해 경영자로 잘못 시작한 대가를 크게 치르게 된다.

둘째, 직원 관리가 어려워진다. 스토리를 몰랐던 직원들도 나중에 이런 사실을 알게 되면 과연 원장을 존경하고 따를 수 있을까? 원장은 직원에게 기술뿐 아니라 바른 생각과 정도를 가르칠 수 있어야 한다. 원장이 직원에게 정도(正道)를 가르칠 수 없다면 제대로 경영을 할 수 없다. 원장은 단순히 기술을 팔고 사는 장사꾼이 아니다. 원장은 부모, 미용실은 가정이란 걸 잊으면 안 된다. 부모가 바르지 못한 생각과 행동을 하며 자식에게 올바르게 살라고 훈육한다면 가정의 기강이 바로 설 수 없다. 힘들고 어려워도 좋은 직원이 있으면 어렵지 않게 이겨 낼 수 있다. 좋은 직원은 사람에 대한 정도와 신의를 지킬 줄 아는 원장 밑에 모인다.

셋째는 원장 고객 위주로 미용실이 돌아가다 보니 디자이너들의 잦은 이직과 더불어 원장의 노동강도는 높아진다. 시간이 지날수록 자기는 죽어라 일해서 놀고 있는 직원들 월급을 주는 것 같은 회의감에 하루하루가 힘들어진다. 결국 타의 반 자의 반으로 디자이너 없이 인턴만 고용해 영업하다가 이내 인턴조차 없는 1인 미용실로 바뀌게 된다.

넷째 미용실 내에 불신이 팽배해진다. 원장은 직원도 자기처럼 할 수 있다는 생각을 가지고 직원은 원장이 자기를 믿지 않는다는 생각에 서로 불신이 생긴다. 사업을 하다 보면 보이지 않는 기운을 느낄 때가 있다. 기운이 맑고 깨끗하면 어려울 것 같던 일들도 쉽게 풀리고 자기가 노력한 것보다 훨씬 좋은 결과가 나오기도 하는데, 이럴 때 운이 좋았다는 말 외에는 설명할 방법이 없다. 모르거나 의식하지 못해 한 행동이야 어쩔 수 없지만 올바르지 않다고 인식하면서도 행동을 하는 것은 어떻게든 대가를 치르게 된다.

망하고 후회하는 실수

"저 사람은 도대체 왜 망했나요?"

• 『실패하는 사람들의 10가지 습관』이라는 책에는 실패하는 사람들의 모습을 아래와 같이 말했는데, 많은 원장들의 모습에서도 이런 모습을 쉽게 볼 수 있다.

- 새로운 모험을 하지 마라
- 내가 최고라고 생각하고 고집불통이 돼라
- 자기는 잘못이 없고 항상 다른 사람이나 외부에 문제가 있다고 생각하라
- 아슬아슬하게 법을 피하면서 사업하라
- 깊이 생각하지 말아라
- 외부 전문가에게 전적으로 의존하라

- 관료화하라
- 혼동되게 메시지를 보내라

① 새로운 일에 도전하지 마라

　실패하는 원장들은 '옛날에 다 해봤다'는 말을 자주 쓴다. 부정적 의미로 해보니 별 효과가 없고 할 마음이 없다는 것이다. 어떤 마케팅이나 전략도 언제 누가 어떻게 하는가에 따라 결과가 달라진다. 다 해봤다고 말하며 새로운 일에 도전도, 배우려고도 하지 않으니, 실패하지는 않을 것이다. 하지만 냄비 속 개구리처럼 서서히 죽어가고 있다는 것을 모른다.

② 내가 최고라고 생각하고 고집불통이 돼라

　부정확한 정보로 자신을 과대평가하고 고집불통이 되기도 하는데 경쟁자나 자신에 대한 평가를 자기 고객에게 듣기 때문이다. 경쟁 미용실에 불만족해 온 고객이 하는 말이 얼마나 객관적인 사실일까? 당신에게 머리를 맡기고 있는 상황에서 어떤 말을 하는 것이 정상일까? 가장 어리석게 만드는 정보를 믿고 있는 것이다. 어쩌면 그런 말들이 의미 없다는 것을 알면서도 현재의 모습을 부정하고 싶기 때문에 믿으려 노력하는 것일지도 모른다. 경쟁업체에 가면 당신에게 불만족한 고객 역시 그곳에도 있다. 지금 영업이 어렵다면 "지금처럼 하면 안 돼요."라고 고객이 당신에게 말해주고 있는 것이다. 고객의 입이 아니라 행동을 보

자. 그러면 현명해질 수 있다.

③ 문제를 자신에게서 찾지 않고 외부환경에서 찾는다

지금 영업이 어려운 것이 경기, 저가 미용실, 직원 문제 때문이라고 말한다면 당신은 아무것도 할 것이 없다. 모든 문제가 당신이 어떻게 할 수 없는 외부 문제들이기 때문이다. 실패하는 원장들의 대다수가 문제가 생기면 하는 말들이다. 문제 해결의 시작은 내가 할 수 있는 것에서 출발해야 한다. 미용실에서 생기는 문제들은 대체로 그렇게 대단한 일들이 아니고, 또 영업을 잘하는데 엄청난 지식이나 전략이 필요한 것도 아니다. 당신이 할 수 있는 작은 것부터 하는 게 중요하다.

④ 아슬아슬하게 법의 담장에서 사업한다

주변에서 탈세가 아니라 절세다. 불법이 아니라 편법이다. 잔머리가 아니라 전략이다. 등의 말을 자주 듣는다. 비용을 줄이고 수익을 극대화하는 것이 경영의 핵심이다. 이미 평수나 직원 수를 감안해 최대 매출을 하고 있는 곳은 리테일을 높이는 것 외에 비용을 줄여 수익을 높이는 방법밖에 없다. 하지만 96% 중소형 미용실에서는 매출을 올려 수익을 극대화하는 방법이 현실적으로 쉽다. 월 매출 1,000만 원 하는 곳에서 세금, 재료비, 인건비, 줄이겠다고 애써봐야 줄일 수 있는 금액은 얼마 되지 않는다. 차라리 매출을 2,000만 원으로 만드는 것이 쉽고 이익도 높다.

　재미있는 사실은 세금, 테크닉, 요령을 통해 큰 이익을 볼 수 있는 사람들은 오히려 정도를 지키며 사업을 하려 부단히 노력하는 반면 해봐야 큰 이익도 없는 사람들이 그런 잔재주에 시간과 에너지를 낭비한다. 당신에게 지금은 매출을 올리는 것이 제일 중요하다.

⑤ 깊이 생각하지 않는다

　영업이 어려운 원장들은 홍보가 안 돼서 어렵다고 생각하지만 사실은 그 생각 때문에 어려운 것이다. 매장을 방문한 고객의 만족도를 높이지 못한 것이 핵심이지 단순히 홍보가 부족해서가 아니다. 유행하는 홍보 방식으로 효과가 있었다는 곳들이 얼마나 지속적 성장했을 것 같은가? 오히려 시간이 지날수록 정체되거나 하락하는 것을 볼 수 있다. 홍보를 통해 찾아온 고객이 재방문이나 소개고객을 만들어 주지 않기 때문이다. 이런 것을 이해하고 근본적인 경쟁 요소를 만들어나가면 1년 뒤에는 지금과 확실히 다른 미용실이 될 수 있다. 그런데 많은 사람이 왜 간단한 문제 해결 방법을 알고도 못 하거나 안 하는 걸까?

　지식이 부족해서, 경험이 없어서, 아니다. 절실함과 꾸준함이 없고 또 생각하기를 싫어하기 때문이다. 생각한다는 것은 많은 에너지가 소모된다. 육체적 부지런과 정신적 부지런은 다른데 과거 해왔던 방식으로 생각하고 습관적으로 일하는 것이 가장 편한 방법이지만 성장하고 싶다면 그런 생각을 버리고 부지런해져야 한다.

⑥ 전문가와 요령에 의존하려고만 한다

외부 전문가라는 사람들은 점쟁이도 신도 아니다. 점포를 결정하고 난 후 이렇게 물어보는 사람들이 많다.

"여기 어때요, 매출 얼마나 나올 것 같나요?"

이런 질문에 예전에는 내가 무슨 대단한 전문가인양,

"월 4,000만 원 정도 나올 것 같은데요."

"평수가 작아서 월 2,500만 원 정도 나오지 않을까요."

지나고 생각해 보면 너무 웃기는 것이다. 어떤 사람이 어떻게 경영할 줄 알고 매출을 예상할 수 있겠는가? 차라리 월세에서 10~15를 곱해 예상 매출을 추정하는 것이 확률이 높다.

외부 전문가를 맹신하면 안 되는 이유는 그들은 매장 내에 상주하지도 매장 컨디션이나 직원들 성향도 깊이 알지 못한다. 심지어 전문가라는 사람 중에는 직접 미용실을 해본 적도 없는 사람들이 주워들은 이야기를 짜깁기해 컨설팅이라는 말로 원장들을 현혹한다. 그들은 결과가 좋지 않으면 여지없이 이렇게 말한다.

"시키는 대로 안 하니 안 되는 게 당연하지요. 시킨 대로 안 한 원장님 잘못이에요."라고 말하며 모든 책임을 원장에게 돌린다. 그들의 말을 믿고 따라 하다가는 낭패를 보기 쉽다.

규모가 큰 곳은 개인의 능력보다 시스템으로 운영되기 때문에 일이 조금 잘못되어도 대처할 수 있지만 디자이너가 달랑 2명뿐인 곳에서 1명이 잘못된 정책으로 그만두기라도 하면 무슨 전략을 어떻게 하겠는가? 대책이 없다.

이런 사람들이 위험한 이유는 그들 역시 문제가 무엇인지조차 모르기 때문이다.

⑦ 관료화한다

'원래 저희 규칙이 그래요.' '원래 규정이 그래요.' '원래 그렇게 해왔는데요.'라는 말로 고객을 설득하거나 직원들의 합리적 의견을 무시하는 것이 문제다.

원래와 원칙이 왜 생기고 만들어졌을까? 원래라는 것도 예전에는 없었던 것이다.

필요에 의해 만든 것이 시간이 지나왔을 뿐이다. 사람은 환경 변화에 스트레스를 심하게 받는다. 그래서 원래라는 말로 변화를 막는 것인데 원래라는 말을 자주 쓰는 사람도 자기가 손해보거나 양보해야 할 때는 '원래'라는 말을 절대 사용하지 않는다. 오히려 '원래'를 부정하고 여러 가지 이유로 자신은 예외가 되고 싶어한다. 고객 또한 당신과 매장이 원래 어떻게 해 왔는지 알지도 못하고 관심도 없다. 매장 내에 원래라는 말로 소통과 발전을 저해하는 문화가 생기지 않도록 항상 경계해야 한다.

⑧ 헷갈리는 메시지

미용실에서 헷갈리는 메시지라는 것은 원장이 직원에게 비전을 말할 때 주로 생긴다.

예를 들면 디자이너에게 영업이 잘되면 뭘 해주겠다거나 열심히 하면 밀어주겠다는 말은 많이 하는데 어느 정도가 열심이고 어떻게 해야 잘하는 것인지 원장조차 명확한 기준이 없다. 또 인턴에게 열심히 연습해서 빨리 디자이너가 되라고 하면서 원장은 더 이상 오픈할 생각도 없고 현재 미용실에 자리도 없으면서 이런 말을 하는 것은 빨리 디자이너가 되어서 나가라는 말밖에 되지 않는데 앞뒤가 맞지 않는다. 그러면서 비전을 줘도 비전으로 생각 안 해 고민이라고 말한다. 오히려 그런 말은 안 하는 게 더 낫다.

일요일 휴무를 주거나 퇴근시간을 당겨주겠다는 것이 직원에게 더 비전 있는 말로 들릴 수 있다.

2

관계 우선의
법칙

모르고 익숙한 것은 눈에 보이지 않는다

—

"도통 뭐가 문제인지 모르겠어요"

잭 웰치의 『위대한 승리』라는 책을 통해 위기를 어떻게 봐야 하는지 배울 수 있다.

- 문제가 겉으로 보이는 것보다 심각하다고 생각하라
- 프로세스와 사람이 바뀌어야 한다고 생각하라
- 당신의 조직이 위기를 극복할 수 있고, 결국 위기로 인해 더욱 강해질 수 있다는 믿음을 가져라

원장이나 관리자들은 위기가 닥치면 일단 방어적으로 무엇인가 잘못되고 있다는 사실을 부정한다. 예를 들어 매출이 떨어지고 있는데 '이번 달은 매출이 좀 안 나오네, 다른 곳도 어렵다니

어쩔 수 없지.' 그러다 다음 달이 되어서도 매출이 정체되면 '이렇게라도 유지되니 다행이라고 생각해야지.'라며 계속 상황을 부정하기에 급급하다.

앞으로 위기가 감지되면 이와 같은 상황을 부정하는 과정을 과감하게 건너뛰고 바로 문제 해결책을 찾는 데 집중하자. 3개월 이상 매출이 하락하고 있는데 별문제 없다고 하거나 매출도 형편없고 불친절한 디자이너를 구인을 하는 지루하고 귀찮음 때문에 계속 일을 시키는 것은 앞으로 생길 일에 대해 너무 안일하게 대처하는 것이다.

미용실 매출은 한 번에 떨어지지 않는다. 또, 직원 문제도 갑자기 생기는 것이 아니다. 매출은 오르고 내리는 것을 반복하면서 1~2년이 지나고 나서야 매출이 반 토막으로 떨어져 있는 것을 알아차리게 된다. 직원도 퇴사 직전에 이미 여러 번 조짐을 보였을 것이다. 이런 상황을 인식했을 때 바로 조치하지 않고 문제가 생기고 나서야 수습하려니 더 힘들어진다. 그래서 긴장감을 늦추지 말고 항상 흐름에 집중해야 한다.

흐름을 놓치지 않으려면 군인들이 평상시 총을 열심히 닦고 훈련하는 것처럼 기본에 충실해야 한다. 경기나 영업이 어려울 때 독점적 아이템이나 기술로 위기를 넘겨 보겠다며 여기저기, 이것저것 찾아다니는데 미용실에 독점적 아이템과 기술이란 것은 경험상 절대로 없다.

어떤 기술이나 제품도 탄탄한 기본기가 있을 때 성공할 수 있지 기본기 없는 아이템과 기술은 잔재주와 요행일 뿐이다.

아래 내용 중 당신 매장은 얼마나 기본이 되어 있는지 먼저 점검해 보자.

1) 영업시간에 매장 앞이나 내부에서 수건을 말린다.

2) 조명이 나갔거나 변색되고. 주변에 검게 그을린 자국이 남아있다.

3) 환기구, 에어컨에 먼지가 찌들어 있다.

4) 매장 전면 유리 50% 이상 제품 포스터 또는 선팅으로 가려져 있는데 영업적인 목적이 아니라 매장 안을 가리기 위한 용도이다.

5) 매장 내, 외부에 화분을 잔뜩 가져다 놓았다.

6) 뉴스나 드라마, 홈쇼핑이 영업시간 중 계속 틀어져 있다.

7) 약장실에 염색약과 제품들이 정리되어 있지 않다.

8) 2개월 이상 된 잡지가 꽂혀 있고, 커트 보, 드라이 보, 고객 가운에 염색약이 지저분하게 묻어 있다.

9) 샴푸대 바닥에 물기가 많고 발자국이 나 있거나. 샴푸대 틈새에 머리카락이 많이 끼어 있다.

10) 출입문 유리에 손자국이 잔뜩 묻어 있다.

11) 오래된 사탕이나 쿠키가 대기석 탁자 위에 놓여 있다.

12) 카운터 위가 심하게 어지럽다.

13) 제품 회사에서 준 지저분한 앞치마를 항상 입고 있다.

14) 진열장 선반과 제품에 먼지가 쌓여 있다.

15) 벽에 포스터를 제거한 후 테이프가 붙어 있거나 자국이 남아있다.

16) 제품과 각종 포스터가 빽빽하게 붙어 있다.

17) 가발이나 삼발이가 눈에 띄는 곳에 있다.

18) 옛날 트로피나 미용대회 상장이 걸려있다.

19) 수건이 낡고 지저분하다.

20) 간판에 불이 나가 있거나. 전면이 낡고 지저분하다.

21) 현수막이나 메뉴판에 고쳐져야 할 것에 종이를 붙여 수정했다.

22) 시술 의자 홈 사이나 경대 아래가 머리카락과 발자국으로 지저분하다.

23) 타일과 타일 사이가 얼룩지거나 오염됐다.

24) 트레이 위에 머리카락이 잔뜩 있고, 커트 보와 드라이 보를 트레이에 쑤셔 넣어 두었다.

25) 샴푸대 벽면이 염색약으로 심하게 오염되어 있다.

26) 쓰레기통 주변이나 쓰레기통에 빗자루와 쓰레받기를 꽂아쓰며 지저분하다.

27) 행사를 한다고 매직으로 성의 없이 적은 POP가 붙어있다.

28) 미용실에서 근무할 때 보다 출퇴근 의상이 더 멋스럽고 고급이다.

몇 개나 해당하는가? 정도의 차이는 있지만 영업이 안 되는 곳들의 공통적 모습이다. 이미 익숙해져 보이지 않는 것도 있고, 알지만 무기력하게 방치하고 있었던 것도 있을 것이다.

미용실에서 새로운 시작을 위한 첫걸음은 정리다.

고객은 매장에 들어서면 귀신처럼 당신이 어떤 생각을 가지고 있고, 자기가 어떤 상황에 놓이게 될지를 알아차린다.

일단 작은 것부터 시작하자. 내용 중 해당되는 것부터 하나씩 해결해 가자. 겨우 그런 것을 한다고 잘될까 의심도 들것이다. 그래도 일단 무엇이라도 하자. 그 사소한 것들이 모여야 큰 변화를 만들어 낼 수 있다. 시작하며 대단한 일을 한다고 생각하지 말고, 그냥 당연한 일, 별거 아닌 일을 한다고 생각하자. 그 별거 아닌 것들이 꾸준히 모이면 실로 엄청난 일들이 일어난다. 그리고 당신은 실제로 대단하거나 어려운 일을 할 게 별로 없다.

문제를 단순화해야 해결책이 보인다

"할 생각은 있는데 뭐부터 해야 할지 모르겠어요"

미용실에서 생기는 일은 직원 구인과 관리 문제를 제외하고 크게 3가지 정도로 나눌 수 있다.

1. 신규도 적고, 고정도 적다
2. 신규는 많고, 고정이 적다
3. 고정은 많고, 신규가 적다

당신 미용실에 대해 상권이나 고객 수준, 주변 미용실 가격, 구인문제, 직원 이직 등의 문제가 복합적으로 발생해 힘들다는 부정적인 말을 하고 있다면 매장은 신규도 적고 고정도 적은 상태일 것이다.

그러면서 현재 상태만 유지하자는 것이 목표가 되어 있을지도 모르겠다. 장사나 사업에 현상 유지라는 것은 없다. 미용실은 매월 매출이 오르거나 떨어지는 것을 반복하지만 1년 추이를 보면 성장과 쇠퇴 둘 중에 한 가지 결과만 있다.

성장하겠다는 의지를 가져야 당신이 생각하는 유지 정도를 할 수 있다. 그러니 유지만 하자는 마음을 버리고 성장의 의지를 가져야 한다. 그렇지 않으면 쇠퇴하는 수밖에 없다. 성장 의지를 가졌다면 의지가 마음속에만 있어서는 안 되고 행동으로 나와야 한다.

1. 신규도 적고, 고정도 적다

이런 곳은 홍보 부족과 가격 책정이 잘못된 오픈한 지 얼마 안 된 미용실이거나, 오랜 시간에 걸쳐 매출이 하락하다 보합 상태로 접어든 곳이다.

이들은 홍보가 부족하다는 것은 쉽게 인정하지만, 요금 책정이 잘못되었다거나 경쟁력이 없는 곳이 돼버렸다는 것은 쉽게 인정하지 않는데 이것을 인정해야 가격을 조정할지 서비스를 개선할 것인지 방향을 정할 수 있다.

영업이 안 되는 것은 홍보 부족이 문제가 아니라 가성비가 떨어지는 것이 문제인데 이럴 때 쉽게 빠지는 유혹 중 하나가 객단가를 높여서 매출을 유지하려 하는 것이다. 고객도 없는데 단가까지 떨어지면 안 된다는 생각에 비싸게 받아 매출을 올리려고 한다. 영업이 안 되는 곳의 전형적인 어리석음이다.

고객은 지급한 만큼 기대가 높아진다. 까다로워지는 것이다. 고객도 없는데 비싼 메뉴를 했다고 좋아하는 원장은 곧 문을 닫을 것이다. 적당하다고 생각하는 가격 즉 준거 가격을 조사해 보면 고객과 원장, 디자이너 모두 다르다. 하지만 변하지 않는 진리는 고객이 비싸다고 느끼면 망하는 것이고 고객이 싸다고 느끼면 소개 고객과 재방문이 높아지면서 잘되는 것이다.

미용실 가격에 영향을 주는 것은 기술+서비스+인테리어+위치+브랜드 등 다양하다. 기술력만 있으면 고객이 만족할 것이라는 생각을 가장 먼저 바꿔야 한다.

인테리어나 위치가 나쁘다면 사람으로라도 매장을 채워야 한다. 매장이 북적이면 사람들이 신뢰하고 객단가도 높아진다. 장사는 일단 사람을 모아야 한다.

다만 고객 수는 수단이지 목표가 아니라는 것만은 명심하자.

고객 수가 적은 매장은 상담을 길게 하고, 클리닉을 무료로 서비스하더라도 고객이 머무르는 시간을 늘려야 한다. 특히 고객이 없을수록 원가를 따지지 마라. 어차피 계산해 봐야 별 차이도 나지 않는다.

고객이 없을 때 예약제를 활성화해야 한다. 예약 할인과 회원권 할인 외에 모든 할인 제도는 없애는 방법도 고려해 보자. 인력이 부족해서 고객을 분산시켜야 한다면 혜택을 많이 주더라도 예약 고객을 늘리는 것에 집중해야 매출이 올라간다. 나중에 바빠지면 서서히 예약 할인은 줄여나가면 된다.

예약이 습관이 된 고객은 나중에 할인 혜택이 없어지더라도 예약을 하고 온다. 예약제를 할 때는 남자 커트 예약을 받는다고 정작 여성 화학 시술 고객 예약을 못 받는 경우가 생기지 않도록 해야 한다.

다음으로 꼭 해야 하는 것은 1인, 소형 미용실은 고객이 많지 않고 규모가 작으므로 반드시 고객을 기억해 주어야 한다. 이것보다 좋고 효과적인 서비스는 없다.

신규도 적고 고정도 적은 미용실이 절대 하지 말아야 하는 것이 광고비 투자다. 광고를 한다고 고객이 갑자기 늘지도 않지만 준비가 안 된 상태에서 고객이 많이 오는 것은 정말 큰 문제가 된다.

초기에는 최대한 신규 고객의 재방문을 늘리고 소개 고객을 받아내는 노하우를 쌓는 데 집중해야 한다. 고객이 서서히 많아져야 서비스 질도 떨어지지 않게 성장해 갈 수 있다.

신규는 많은데 고정 고객이 적은 경우나 고정 고객이 많은데 신규가 적은 매장의 해결책은 굳이 설명하지 않아도 위의 내용을 참고하면 될 것이다. 신규가 적으면 광고나 소개를 유도해야 할 것이고, 고정이 적으면 재방문을 높여야 하는데 재방문을 높이는 방법은 상담 방법과 인사 서비스, 회원권 강화 정도만 진행해도 효과가 있다.

비법과 법칙은 없다

"시키는 대로 다 해봤는데 효과가 없어요"

가끔 미용실 경영이 공식이나 법칙만 외우면 되는 것처럼 말하거나 교육하는 경우가 있는데 한 번쯤은 그런 것들을 믿고 따라해 실패한 경험이 있을 것이다. 그렇게 생긴 불신이 이 책을 읽고 있는 지금도 속는 셈 치고라는 마음을 가지게 했을지도 모른다.

미용실을 경영하는데 단언컨대 어떤 비법이나 법칙은 없다. 골프에 기본도 없는 당신에게 타이거 우즈가 스윙 비법을 알려준다고 그처럼 될 수 있다고 생각하진 않을 것이다. 미용실 경영뿐 아니라 미용을 하면서 어떤 비법에 매달리는 것은 위험하다.

주변에 잘된다는 미용실에 다녀오게 한 후 이야기를 들어 보면 "시설은 우리보다 좋은데 기술은 별로던데요."

"특별한 것은 없어요."

"가격은 우리보다 비싼데 약은 그렇게 좋은 게 아니던 데요."

"샴푸도 잘 못 하는 것 같아요."

이야기를 들어보면 잘한다는 곳은 잘 될 이유가 하나도 없는 곳이다. 그런데 잘된다.

그 이유는 그곳의 경쟁력은 보이지 않는 것들이기 때문이다.

보이지 않는 진짜 경쟁력이란 어떤 서비스를 하느냐는 것보다 그 서비스를 왜 하고, 어떻게 정착시켰고, 어떤 효과를 얻고 있는가이다.

예전에 인턴을 파트너로 바꾸고, 호칭 뒤에 님 자를 붙이고, 청소이모를 여사님으로 부르는 등 매장에서 사용하는 부정 단어를 긍정 단어로 바꾸며 성공한 곳이 있다. 이런 문화를 만들게 된 배경과 실행의 어려움, 정착과정을 상세히 알려 주었지만 배운 사람 중에 이 시스템을 제대로 정착시킨 곳은 없었다. 필요성, 과정, 효과는 교육을 받았지만 원장이 신념을 가지고 실천하고 행동하지 않았기 때문이다.

지금까지 당신이 받았던 많은 교육이 왜 시스템이 되지 못했을까? 아는 것을 꾸준하게 하지 않았기 때문이다. 이 글을 읽고 또 꾸준히 하지 않는다면 결국 당신 기억에 남는 것은 책 제목 정도일 것이다. 그리고 이렇게 말할 것이다.

"나도 그 책 읽어 봐서 내용은 다 알아. 근데 별거 없어."

맞다. 내용이 어렵지도, 대단하거나 비밀스럽지도 않다. 보고도 이해가 안 되거나 따라 하기 힘든 것도 없다. 더구나 돈도 들지 않는다.

하지만 당신에게 가장 현실적이고 효과가 있는 것들을 말해주고 있다. 돈과 시간이 있고, 직원도 충분한 원장이 할 수 있는 더 쉬운 방법도 있지만 당신은 그 방법을 아직 할 수 없다.

세상에 노력 없이 쉽게 얻을 수 있는 것은 없다. 지금 가슴이 뛰지 않는다면 절실하거나 절박하지 않은 것이다. 컨설팅이 쉽지 않은 이유는 절실함과 절박함은 만들어 줄 수도 교육시킬 수도 없다는 것이다.

물에 빠진 사람이 일단 살고 봐야지 이런저런 생각을 하고 있다면 빠진 것이 아니라 물놀이를 즐기는 것이다. 그런 당신을 도와줄 사람은 없다. 살아야겠다는 것은 생각이 아니라 본능이다. 본능이 깨지 않는 것은 아직 죽을 만큼 힘들거나 급하지 않다는 것이다.

지금부터 이 책의 모든 것을 당신 것으로 카피해라. 한다고 했는데 결과가 생각만큼 나오지 않을 수도 있다. 그렇다면 아직도 중요한 기본기보다 쉬운 비법이나 법칙만을 찾으며 과거의 생각과 습관으로 돌아갔기 때문이다.

다시 말하지만, 변화를 주고 싶다면 먼저 기본기를 익히고 영혼까지 카피하겠다는 마음으로 시작해라.

"모든 것은 변한다. 그러나 기본은 변하지 않는다."
명품 브랜드 에르메스의 모토다.

남자 고객 레시피

—

"우리는 남자 커트를 잘해서 남자 고객이 너무 많아요"

• 남자 커트가 많다는 원장이나 디자이너를 자주 보는데 남자 커트가 많아지는 이유는 몇 가지 있다.

1. 커트를 유도하는 상담(관계성)
2. 집에서 가깝다(편의성)
3. 커트비가 저렴하거나 합리적이다(실용성)
4. 디자이너가 예쁘거나 멋있고 세련됐다(개인적 취향)

남자 커트 고객은 대체적으로 슬리퍼와 운동복 차림으로도 편하게 갈 수 있는 편의성이 중요한 요소 중 하나다. 미용실 고객의 70~80% 이상이 반경 500m 내에 사는 고객인 것이 그것을 반증한다.

남자들은 여자들보다 환경이 바뀌거나 낯선 분위기에 노출되는 것을 꺼려한다. 그래서 주말에도 긴시간을 기다린다.

중소형 미용실의 커트비는 가격 경쟁이 치열해 대체적 비슷한 수준이지만 특별히 남자 커트가 많은 곳은 가격이 조금 저렴한 경우가 많다. 고객 수가 적을 때 남자 커트라도 많으면 좋다고 생각할 수 있지만 직원이 적거나 매장이 좁을 경우 주말에 남자 커트객 수를 조절하지 못하면 매출을 높일 수 없다.

남자 커트가 많아 고민이라면 가장 먼저 상담 방법을 바꿔야 한다. 일반적으로 고객이 매장에 들어서면

"뭐 하실 건가요?"

"커트할 건데요."

라고 말하면 시술석에 앉히고,

"어떻게 잘라 드릴까요?" or "그전처럼 잘라 드릴까요?"

라고 말한다.

어떤 디자이너는 '말 안 해도 당신 스타일을 잘 아니까 알아서 해 줄게'라고 하듯이 아무 말 없이 커트하는 경우도 있다.

고객도 그것을 편하게 생각한다고 믿는다.

이런 상담 방식은 고객이 먼저 염색, 파마를 할 생각으로 미용실에 오지 않았다면 커트만 하고 가라는 것과 같다.

다른 경우는 남자 고객은 주말에 1시간도 기다리지만, 여성 파마, 염색 고객은 다음에 오겠다며 돌아간다. 그럼 기다리는 남

자 커트를 하게 되고. 커트를 많이 하니 잘하게 된다. 잘하니 남자 커트는 더 많아진다. 악순환의 연속이다.

그렇다고 오래 기다린 남성 고객을 건너뛰고 방금 온 여성 고객을 받을 수도 없다.

어떻게 해야 할까? 남성 고객을 여성 고객으로 바꿀 수 없다면 남성 고객의 객단가를 높여야 한다.

실제 성공한 방법이니 꼭 해보길 바란다. 남자 커트 고객에게 상담을 해서 파마나 컬러로 돌린다는 것이 쉽지 않지만 방법을 달리 하면 좋은 결과가 나온다.

스타일북을 만들어보자.

최신 유행하는 20대 30대 40대 파마와 컬러가 된 스타일을 각각 연령별 4가지씩 한 페이지에 정리하자. 남성 고객이 오면 커트 전에 무조건 스타일 사진을 보여 주며

"고객님 다음에는 이 스타일 한번 해보세요. 너무 잘 어울리실 것 같아요."

이것이면 충분하다. 그러고 난 후 원래 당신이 하던 스타일대로 해도 상관없다. 너무 간단하지 않은가?

한 가지 주의점은 고객에게 이 스타일 저 스타일 권해 주며 정작 나중에 기억을 못 하는 경우가 있다. 고객이 다음에 와서

"저번에 추천해 주신 그 머리 하고 싶은데요."

라고 말했는데 디자이너가,

"이 스타일인가요? 아니면 이건가요?"

라고 말한다면 고객은 크게 실망할 것이다. 하지만

"아 그때 추천해 드린 스타일이요, 이거 맞죠? 너무 잘 어울리실 것 같아요. 멋지게 해 드릴게요."

라고 멘트 하나면 게임은 끝난다. 고객에게 권한 스타일은 관리프로그램에서 메모를 해두자. 얼마 지나지 않아 남성 고객 객단가가 달라지는 것을 확인할 수 있을 것이다.

파마, 염색을 안 해 봤던 남성은 스타일에 변화가 생기면 주변에서 긍정적으로 평가를 해주는 경우가 많아 만족도가 높다. 앞으로 이 고객은 '원래 하던 대로 해드릴까요?'라고 말해도 상관없는 파마, 염색 고정 고객이 된다.

사진을 보여주며 스타일을 추천해 주는 것이 왜 효과성을 발휘하는 걸까?

남자들이 처음 당구를 배울 때 자려고 누우면 천장이 당구대로 바뀌면서 당구공이 왔다 갔다 하는 경험을 한다. 여자들이 백화점에서 마음에 드는 가방이나 옷을 보고 망설이다 못 사고 집에 돌아오면 계속 생각나는 것과 같다.

여자들은 머리하고 난 후 친구를 만나면,

"너 머리 했네."

"응 파마했는데 어때?"

"야 예쁘다. 뒤도 좀 보자. 드라이 안 했지, 머리도 손상이 없는 것 같은데 클리닉이랑 같이 한 거야? 얼마야, 어디서 했어?"

아마 10분 이상 헤어만 가지고 대화가 가능할 것이다.

하지만 남자들은,
"야 너 커트했네."
"응."
"…."
이걸로 끝이다. 또는,
"나 커트했는데 어때?"
"깔끔하네"
"…."

    최근에는 남성들도 자기를 꾸미는데 관심이 높지만, 아직도 대다수는 소극적이다. 일반적으로 남성들은 헤어에 관심이 있어도 정보를 얻거나 이야기를 나눌 사람이 적다. 그런 남성에게 스타일을 권해주는 것만으로도 새로운 자극이 된다.
    추천한 스타일을 바로 하게 만들겠다고 무리할 필요는 없다. 대체로 남성 커트 고객은 재방문율이 높기 때문에 다음 기회가 있으니 서두르지 않아도 된다.
    남성 커트 고객이 많은 것은 대단한 것이 아니다.
    남성 화학 시술 고객이 많은 것이 훌륭한 것이다.

관계 우선의 법칙

—

"우리 애들은 말을 못 해 점판이 잘 안 돼요"

● 선진국의 미용실은 1 store 2 business라는 개념으로 리테일을 시술에 버금가는 수익 모델로 운용한다. 외국과 한국의 점판율을 비교해 보면 문화와 환경이 달라 단순 비교는 무리가 있지만, 한국이 점판율이 낮은 것은 사실이다. 무조건 권해라. 거절을 두려워 말라고 아무리 교육하고 말해도 다음과 같은 근본적 문제가 점판 활성화를 막고 있다.

첫째 디자이너가 점판을 하면서 자신이 장사꾼이 된다고 생각한다.

둘째 무리하게 점판을 유도하게 하다 보니 고객에게 거절 당하는 것이 반복되며 점점 소극적여 진다.

셋째 고객이 온라인이나 오프라인에서 많은 제품을 접하며 상당한 지식을 가지고 있고, 온 오프라인에서 제품을 비교하고 구입하는 능력이 높아져 있다.

그 외 고객에게 부담을 주기 싫다거나 세금 문제 때문이라고 말하는 경우도 있다. 어떤 사람이 '이 제품은 전 세계 60개국에 수입하는 제품인데요 천연 유기농 성분으로 임산부나 유아에게 사용해도 안전합니다. 손상된 큐티클을 보호하고 자외선으로 모발을 보호하고……'라며 고객에게 제품을 설명한다. 다른 사람은 '고객님 이 제품 사용하시면 돼요, 많이 바르지 말고. 동전만큼 아침에 바르면 되니까 이거 가지고 가서 쓰세요.'라며 같은 제품을 이렇게 설명하기도 한다.

전자는 인턴과 디자이너가 신규 고객에게 하는 멘트이고, 후자는 원장이나 오래된 디자이너가 고정 고객에게 하는 멘트이다.

미용실에서 점판을 잘하는 사람은 원장이나 관리자 또는 오래된 디자이너인데 이들은 영업을 잘하기도 하지만 핵심은 신뢰가 쌓인 고객이 많다는 것이다.

일반 디자이너는 고객과 신뢰 관계가 적어 거절당할 확률이 높고 이것을 반복 경험하게 되면 소극적으로 변할 수 있다. 이런 경우라면 고객에게 제품을 팔려고 하지 말고 신뢰부터 얻어야 한다.

그 방법 중 하나가 공병에 제품을 넣어 무료로 제공하자. 얼마 지나지 않아 수십 배의 이익으로 돌아올 것이다. 친밀한 관계 형성이 안된 상태에서 굳이 부담스럽게 점판을 할 필요는 없다.

가격 상담을 할 때부터 대다수 디자이너는 영업적으로 고객에게 접근하게 되는데 여기에 점판까지 권하게 되면 신규 고객은 거부감이 클 수밖에 없다.

점판을 매출에 30% 이상 하는 곳들도 많이 있는데 그곳들은 원장이 제품에 신뢰를 가지고 많은 투자를 통해 만든 결과다. 단순히 교육 몇 번 받거나 제품이 좋아서 만들어진 결과가 아니다.

당장 점판 매출을 높이고 싶다면 가장 먼저 제품 가격부터 외우게 하면 10~20% 정도 점판 매출은 올릴 수 있다.

고객에게 핫한 제품이라 설명하고 가격도 모르는 경우가 많다. 그 모습을 보는 고객은 무슨 생각이 들까? 참 웃지 못할 상황이다.

사람은 아는 만큼 확신과 자신감이 생긴다. 가격도 모르고 있는데 판매 스킬을 배운들 자신 있게 제품을 권할 수 있겠는가?

매출이 아직 높지 않다면 점판보다는 고객의 신뢰를 얻어 고정 고객을 높이는데 집중해야 한다.

고정 고객이 많아지면 점판은 조금만 신경 써도 높아질 수 있다. 반대로 고정 고객이 많은 디자이너와 원장이 점판 매출이 적다면 문제가 있다.

미다스의 손

"딴 데서 망쳐와도 내가 해주면 다 만족해요"

● 다른 데서 망쳐 온 고객을 시술한 후 불만족하는 고객이 있었는가? 장담하지만 거의 없었을 것이다.

왜 그럴까 심지어 경력이 6개월인 디자이너가 시술해 줘도 만족해서 나간다. 이 초급 디자이너는 대단한 기술을 가지고 있기 때문일까? 도대체 어떻게 설명할 수 있을까?

핵심은 상담에 있다.

다른 데서 망쳐서 온 고객은 자기 말을 충분히 들어주는 것 만으로도 결과에 상관없이 만족도가 높아진다. 이런 고객들은 디자이너가 자기 말을 듣지 않아 망쳤다고 느끼는 경우가 많다. 그래서 디자이너가 자신의 말을 충분히 들어주었다고 느끼는 것만으로도 만족해한다. 일반 고객과 다른 곳에서 망쳐서 온 고객 중 어느 쪽 상담 시간이 길까? 후자가 상담 시간이 길다. 답은 여기에 있다.

　여러 곳의 디자이너 상담 시간과 방법을 비교해 본 결과 고객은 5분 이상 상담을 받으면 다른 곳들과 차별성을 느낀다. 10분 이상 상담을 받으면 2~3회 시술받은 고객의 친밀도를 보이는데 이때 디자이너의 제안은 영업이 아니라 조언이 된다.
　상담을 5분 이내로 받고 선불권을 구입하는 신규 고객은 거의 없다. 보통 상담 시작 후 10분이 넘어서야 선불권 영업이 되는데 시술석보다는 대기석이나 중화석에서 마주 보거나 옆에 앉아 대화를 나누면 상담 효과가 높다. 고객을 시술석에 앉히고 디자이너가 뒤에 서서 거울을 통해 고객과 상담하는 경우 3분을 넘기기 어렵다.
　신규 화학 시술 고객 상담을 5분 이상 하라고 하면 디자이너들은 대체로 어려워하고 상담 교육을 시켜도 크게 효과가 없다. 내 생각과 느낌을 말하는 것도 어색한데 다른 사람의 언어와 화법을 배워서 따라 한다는 것이 쉬울 리 없다.

　이것저것 너무 어렵다는 생각이 들면 상담 스킬에 얽매이지 말고 그냥 10가지 질문을 준비해 질문만 해도 된다. 오로지 고객과 5분 이상 대화하는 것이 목적이 되면 된다. 이것이 습관이 되고 나면 상담 스킬을 배우지 않아도 자연스럽게 실력이 늘며 응용하게 된다.

모든 것을 단순화시켜 부담이 없으면서 꾸준히 할 수 있어야 시스템이 될 수 있다.

나는 말도 매우 느리고 발음도 부정확했다. 영업을 하는 사람에게 큰 단점인데 멘토의 조언이 지금껏 이 일을 할 수 있게 해주었다.

"너는 영업을 잘할 거야 말을 못 한다고 생각하니 오히려 많이 들어줄 것이고 영업을 잘하는 사람은 말을 잘하는 사람이 아니고, 잘 들어주는 사람이야."

누구나 자기 이야기를 들어주는 사람을 좋아한다.

1시간 상담을 하는 동안 상대방이 50분 이상 말하고 나면 재미있게도 내가 말을 잘한다고 칭찬을 해준다.

이렇듯 상담을 가능하면 길게 하고 질문을 많이 해서 고객이 말을 많이 하게 만들 수 있다면 최고의 상담가가 된다.

다른 미용실 클레임 고객이 나에게 시술받고 웃으며 나가는 것은 나의 기술력이 아니다. 상담의 중요성을 깨닫고 5분 이상 상담을 실천한다면 매출은 자연스럽게 올라간다.

디자이너 나이가 고객층이다

"우리 미용실은 연령이 높고 가족 고객이 많아요"

주택가나 아파트 단지 상권에 미용실은 가족 단위 고객이 많은 것이 지극히 정상이다. 미용실이 주거 지역에 있기 때문이지 특별한 이유가 있는 것은 아니다. 홍대나 강남에 잘하는 미용실에 가보면 잘 되는 곳이라도 가족 단위 고객은 별로 없다. 일반적 미용실 고객의 70% 이상은 반경 500m 이내 거주한다.

가족 단위가 아니고 특정 연령 위주라면 오히려 그것이 비정상이다. 또 고객 연령대가 높은 것은 시술하는 원장이나 디자이너 나이가 많아 고객 연령대가 높은 것이지 특별한 의미를 부여할 필요는 없다.

고객 연령층을 바꾸고 싶다면 디자이너 나이를 원하는 연령대로 바꾸면 된다. 만약 당신 매장이 소득 수준이 높은 40대 이상이 거주하는 아파트 단지에 위치하고 있다면 디자이너의 연령은 30대 중반에서 40대 초반으로 구성해야 한다. 이런 곳에 20대 디자이너가 있다면 조만간 디자이너가 교체될 것이다.

반대로 대학가나 특수상권에서는 30대 중반 이하의 디자이너로 구성해야 한다. 구인이 어렵다고 상권에 맞지 않는 디자이너를 채용하면 얼마 지나지 않아 교체할 수밖에 없어진다. 채용이 늦어지더라도 상권에 맞는 연령의 디자이너로 구성하는 것이 현명하다. 참고로 고객 연령층을 무리해서 인위적으로 바꾸려고 하면 리스크가 생길 수 있다.

현재 고객 연령층이 50대 이상이면 인테리어 상태도 좋지 않고 주로 연령이 높은 원장이 영업을 하는 곳일 것이다. 이곳에 디자이너만 젊은 사람으로 바꾼다고 고객층이 바뀌지는 않는다.

이런 곳은 차라리 현재 고객층을 더 강화시키는 방법이 효과적이다.

가족 단위나 고객 연령에 큰 의미를 두지 말고 상권과 매장 컨디션에 맞는 디자이너로 구성해 운영하는 것이 중요하다.

외국에서 오는 고객

—

"우리는 멀리서 오는 고객이 많아요"

● 사람은 통상 자신의 능력을 과대평가하는 경향이 있다.

대표적인 예가 먼 곳에서 오는 고객이 '오기 너무 힘들어도 여기만큼 기술 좋은 데가 없어요.' 또는 다른 미용실에 흔히 바람피다 왔다고 표현하는 고객이 '일이 생겨 다른 데 다녔는데 여기처럼 잘하는 데가 없어요.' 이런 말을 들으면서 자신감이 쌓인다.

물론 자신을 과소평가하는 것도 문제지만 이런 경험들로 자신과 미용실을 객관적으로 보지 못하는 것은 매우 심각한 문제를 야기한다. 가끔 강의를 하다 '고객 중에 가장 먼 곳에서 오는 분은 어디서 오시나요?'라고 질문해 보면 미국, 유럽, 호주, 남미까지 나온다. 해외 사는 고객 한 명 없는 디자이너와 원장은 없었다.

미국에 사는 사람이 '오늘 머리 해야겠다'며 비행기를 타고, 당신 미용실을 찾아오지는 않았을 것이다. 한국에 일이 있어 온 김에 당신에게 들렀을 것이다. 그런 것을 알면서도 이렇게 온 고객이 하는 말을 계속 듣다 보면 자기도 모르게 잘못된 자신감이 생겨 문제가 생긴다. 영업이 안 되면,

'기술은 좋은데 제품 때문인 것 같아.'라며 제품을 계속 바꾸거나 '기술이 좋으니까 우리 요금은 비싼 게 아니야.'라고 생각을 하거나,

'미용이 기술만 좋으면 되지 다른 게 뭐 중요해.' '기술만 좋으면 입소문이 나서 금방 잘 될 거야.'

이렇게 사고가 확장되어 간다. 미용에서 당연히 기술이 중요하지만 전부는 아님에도 객관적이지 않은 정보에 지속적 노출됨으로써 핵심을 놓치게 되는 경우가 있다. 좋은 말을 해주는 고객의 말은 감사함으로만 듣고 웃어넘기자.

그동안 당신이 시술한 고객 중 나갈 때 만족한 표정을 짓지 않고 간 고객이 얼마나 되는가? 만족한 표정을 짓고 다시 올 것처럼 가지만 결국, 70프로가 다시 오지 않았다. 그래서 영업이 어려워진 것이다. 웃으며 나갔지만 다시 오지 않는 고객의 진짜 마음을 알기 위해 노력해야 한다. 해외에서 온 고객과 남자 커트가 많고, 다른 곳에서 망쳐서 온 고객이 웃으며 나간다고 착각하지 말자.

"그런데 왜 영업이 안 될까?"

고객 수에 대한 이해

—

"고객 수는 괜찮은데 매출이 안 나와요?"

● 경영에서 숫자를 이해하는 것은 고객의 마음을 이해하는 것이다. 숫자를 멀리하는 것은 고객을 멀리하고 알려고 하지 않는 것이다. 당연히 영업이 어려울 수밖에 없다. 미용인은 대체로 숫자에 약하다. 그래서 통계나 회계를 배우라는 것이 아니고 간단한 몇 가지 정도는 알고 경영을 하자는 것이다.

요즘은 고객관리 프로그램에서 엔터키 한 번으로 분석 그래프까지 확인할 수 있다. 오랫동안 많은 매장의 데이터를 분석해 경영에 적용하다 보니 데이터는 해석하는 사람의 경험과 보유하고 있는 데이터 양에 따라 180도 다른 해석을 하게 된다는 것을 알게 되었다. 분석을 할 때 미용실의 규모, 인력, 가격대, 객단가,

브랜드 인지도, 콘셉트 등의 다양한 요소를 고려하지 않고 숫자 자체만을 분석하는 것은 잘못된 판단을 하게 만들어 영업을 어렵게 만들 수도 있다.

데이터를 어떻게 해석해야 하고 잘못 분석하면 어떤 오류에 빠지게 되는지 함께 살펴보기로 하자. 먼저, 전체 고객 수를 단순 해석하면 생기는 오류는 이런 대화를 나눌 때 볼 수 있다.
"전체 고객 수가 몇 명입니까?"
"전체 고객 수 말인가요? 전체 시술 건수를 말인가요?"
"고객 수요."
"전체 고객 수는 1,000명이요."
"고객 수가 나쁘지 않네요. 근데 뭐가 문제인가요?"
"매출이 안 나와요."
"매출이 얼마나 나오는데요?"
"평균 3,500만 원이요"
"나쁘지 않은데요"
이 대화는 다양한 경우를 접하지 못한 사람들의 대화다.

첫째 단순한 전체 고객 수는 별 의미가 없다. 30평 미용실에 월 고객 수 1,000명은 잘하는 것이지만 50평이라면 그렇지 않다. 남자 커트가 800명이라면 문제지만, 200명이 남자 커트라면 잘하는 곳이다. 고가에서는 나쁘지 않은 고객 수지만 저가 미용실은 적은 고객 수다.

디자이너가 6명이고 인턴과 매니저까지 있다면 적은 고객 수지만 디자이너 5명으로만 구성된 미용실에서는 나쁘지 않은 숫자다. 이렇게 미용실마다 콘셉트와 요금, 규모, 직원 수 등에 따른 다양한 변수를 고려해 전체 고객 수를 분석해야 의미 있는 분석이 되지 단순히 전체 고객 수로 판단하는 것은 무의미하다.

고객 수를 늘리면 장기적 이익이 되지 않겠냐는 말은 맞는 말이지만 '최소의 적정 이익'이 넘는 고객이 많아야 한다. 커트비 1,000원을 받아 고객 수 2,000명을 만드는 것이 어떤 의미가 있을까? 고객 수가 항상 수익의 극대화를 의미하지는 않는다.

고객 수와 객단가를 말하기 이전에 고객 수와 고객 수익성에 대해 개념 정리가 필요하다. 흔히 놓치고 가는 부분이 고객 수를 높이려 안간힘을 쓰지만, 수익성이 감소하는 경우에 대한 고려는 없다. 매장이 수용할 수 있는 최대 고객 수가 넘으면 고객만족도는 급격히 떨어져 불만족 고객이 늘고 영업은 어려워진다. 각자 매장에 맞는 최적의 수익성을 내는 고객 수를 아는 것은 중요하다.

디자이너가 한 달에 24일, 오전 10시~오후 8시까지 식사 및 휴게시간 등을 제외하고 하루 8시간 일한다면 1시간에 2명 하루 최대 16명의 고객을 받을 수 있다, 만약 인턴이 없다면 이 숫자에서 40% 줄어든 10명의 고객을 받을 수 있다.

그러면 한 달 최대 고객 수는 인턴이 있는 경우 384명, 없는 경우 240명이란 계산이 나온다. 이것은 이론적으로 디자이너가 쉬는 시간 없이 100% 고객을 받는 경우이고 실제로는 가동률은 60%가 일반적이다. 그럼 디자이너의 월 적정 고객 수는 인턴이 있는 경우 230~250명 인턴이 없는 경우 144~160명이다.

물론 커트 고객 수, 객단가에 따라 변수는 있지만 일반적으로 1명의 디자이너가 받을 수 있는 고객 수는 이 정도 선이라고 보면 무난할 듯하다.

그렇다면 무조건 고객 수를 늘리려고 할 것이 아니라 목표고객 수를 정하고 그 숫자에 도달하면 커트와 화학 시술 비율을 조절하거나 객단가를 높이기 위한 가격 전략을 준비해야 한다.

당신의 목적은 최대 수익을 만들어 내는 것이고 고객 수는 수단으로 활용하는 것이다. 목표 고객 수에 도달하면 남자 커트 매출 비중을 30% 이하로 낮추어야 한다. 그러면 객단가는 올라가고 매출 역시 증가하게 된다.

이때 단골이라 하더라도 수익성이 낮은 고객은 과감히 포기하는 전략도 필요하다.

객단가(커트를 포함한 객단가/커트를 제외한 객단가)
건단가= 매출/시술 건수

객단가를 구할 때 커트를 제외하고 객단가를 구하는 것이 좋다. 커트와 파마, 염색의 요금 차이가 크기 때문에 각 메뉴별로 고객이 체감하는 객단가를 알아보기 위해서다.

커트 20,000원 , 파마 80,000원인 미용실에서 커트 고객 500명 파마 고객 100명이면 객단가는 30,000원 월 매출 1,800만 원 미용실이 된다. 객단가만 본다면 높지 않아 보인다. 하지만 기본 파마가 80,000원이라고 한다면 동네 미용실에서 결코 저렴한 금액이 아니다.

반대로 커트가 15,000원 파마 60,000원인 미용실에서 커트 고객이 100명 파마 고객이 500명이라고 하면 객단가가 52,500원 월 매출 3,150만 원 미용실이 된다. 객단가가 52,500원으로 높아 객단가를 낮추어야 한다고 판단할 수 있다.

	A 미용실	B 미용실
커트	20,000원(500명)	15,000원(100명)
파마	80,000원(100명)	60,000원(500명)
객단가	30,000원	52,500원
월 매출	18,000,000원	31,500,000원

이렇기 때문에 커트를 제외한 각 메뉴별 객단가를 살펴 요금의 적정성을 검토해야 한다. 파마에는 기본 파마, 세팅 파마, 디지털 파마, 매직 파마, 볼륨매직, 볼륨세팅매직 등이 있다.

염색도 마찬가지로 다양한 메뉴가 있는데 길이 추가나 그 외에 제품에 따른 요금의 차이 등을 반영한 메뉴별 객단가를 추출해 보고 그 금액을 경쟁업체와 비교해 전략을 수립하는 것이 필요하다.

 자주 객단가를 높여야 하는지 고객 수를 늘려야 하는지에 대한 질문을 자주 받는다. 여러 차례 말하지만 고객 수는 수단이지 목적이 아니다.

 고객 수를 늘린다는 의미는 화학 시술 고객 수를 늘린다는 것이다. 고객 수 늘리기가 목적이 되면 안 되는 이유는 이미 설명했다.

 그렇기 때문에 디자이너의 커트 고객 수가 적정비율을 넘어서면 관리가 필요하다. 인턴을 두고 월 매출 1,000만 원을 하는 디자이너의 커트 매출의 마지노선은 300만 원이다. 전체 매출에서 30%를 넘지 않아야 한다.

 이 매장의 커트 객단가가 20,000원이라면 디자이너의 커트 고객 수가 150명. 인턴이 없다면 월매출 600만 원의 30%인 월 매출 180만 원 커트 고객 수 90명을 넘지 않게 관리해 주어야 한다.

 디자이너의 커트 고객 수가 기준 숫자를 넘어선다면 커트 요금을 높여 고객 수를 낮춰 주거나. 바버로 특화시켜 주는 것이 좋다.

옵션은 능력인가

—

"시술 건수로 뭘 봐야 하는 건가요?"

• 시술 건수란 고객 한 명이 한 번에 시술받는 총메뉴의 숫자를 말하는데 한 번에 2~3가지 시술을 받거나 가족 단위 고객일 경우 합산하여 입력하다 보니 시술 건수는 보통 고객 수보다 20~30% 정도 높게 나온다.

패키지 메뉴가 활성화되어 있다면 시술 건수는 낮게 나올 것이고, 클리닉 무료 서비스, 염색 시 커트비 추가 같은 제도가 있다면 시술 건수는 높게 나올 것이다.

경험상 시술 건수는 매장별로 메뉴와 프로모션에 차이가 있어 입력하는 방식이 다양한데 개인적으로는 기준이 통일되지 않는 시술 건수에 큰 의미를 두지 않는다.

다만 저가 미용실이나 영업이 어려운 미용실은 객단가가 높아지면 영업이 어려워지는데 저가 미용실은 가격적 메리트가 최고의 경쟁 요소이기 때문에 객단가가 높다면 고객은 저가 미용실에 갈 이유가 없어진다.

영업이 어려운 미용실 역시 객단가가 높아지면 당연히 만족도가 떨어지면서 재방문이 떨어질 것이다. 이런 곳은 원장은 객단가가 높아지는 것을 막으려 하고, 디자이너는 객단가를 높이려 하는 서로의 이해 충돌이 생긴다. 이럴 때 개별 메뉴로 객단가를 높이려 하지 말고 시술 건수를 높여 절충안을 마련하면 된다.

고객도 2~3가지 시술을 받아 금액 대비 만족도가 높고, 디자이너 역시 매출을 높일 수 있어 불만이 적어진다. 시술건수를 '옵션'이란 의미로 말하기도 하는데 염색이나 파마를 하러 온 고객에게 클리닉을 권하거나 머리 길이, 숱에 따라 요금을 차등시키는 것이 대표적이다.

사전적 의미로 옵션은 구매자의 기호에 따라 선택할 수 있는 것이라고 하지만 미용실에서 옵션은 강요와 흥정의 상징이 됐다.

오죽하면 홈페이지에 스타일 사진과 가격을 함께 올려두고 정가를 받는다는 콘셉트로 고객에게 신뢰를 얻어 크게 성장한 프랜차이즈도 있고, '기장 추가 절대 없음'과 같은 문구가 붙어 있는 미용실도 자주 눈에 띈다.

그동안 많은 곳에서 옵션을 통해 소비자로부터 신뢰를 떨어뜨

렸다는 자화상처럼 느껴져 씁쓸하다.

만약 옵션이 능력이라면 이렇게 해봐라. 고객이 오시면 시술석에서 앉혀 두고 상담을 하면서,

"고객님 모발 손상이 너무 심한 것 잘 아시죠. 클리닉과 같이 안 하시면 도저히 시술할 수가 없으니 결정하세요."

이렇게 말한 후 아무 말도 하지 말고 거울을 통해 고객과 눈을 맞추고 계속 쳐다보기만 해라. 그러면 10명 중 7~8명은 클리닉을 할 것이다.

하지만 다음에 다시 오지 않고 인터넷에 욕설이 난무하는 부작용 정도가 있을 것이다.

경쟁력 분석의 끝판왕

―

"미용실 간단하게 분석할 방법 없나요?"

● 신규 고객 재방문율(신재율)

'처음 매장을 방문한 커트 고객을 제외한 파마, 염색 고객이 2번째 매장을 방문하는 비율' 신재율은 매장의 전체적인 관리상태와 고객 만족도 경영 성과를 단적으로 보여주는 지표이다.

아무리 강조해도 지나치지 않은 경영의 끝판왕이다. 이것은 반드시 알고 관리해야 한다.

매장을 10개 정도 하시는 분이 있는데 모든 매장 월 매출이 평균 1억 이상을 했다. 영업이 어려운 매장을 인수해도 얼마 지나지 않아 월 매출 1억 이상의 매장으로 만들어 내는 신박한 능력이 있다. 도대체 어떤 비법이나 마케팅을 하고 있는지 질문을 해도 '다른 곳이랑 똑같아.'라는 대답뿐이었다. 마케팅을 살펴봐도 특별한 것은 없었다. 오히려 홍보는 아날로그에 가까웠다.
　우연한 자리에서 집요하게 질문을 하니 무심코 되돌아온 한마디가 '마케팅은 무슨, 오는 고객이나 잘하라고 해'라는 말에 뒤통수를 맞는 느낌이었다. 어떤 사람은 큰 의미 없게 들릴 수 있는 말이지만 나에게는 큰 울림으로 들렸다.
　마케팅에 많은 비용과 시간을 투자하는 이유는 신규 고객 유입을 위해서인데 그렇게 열심히 노력해 불러들인 고객에 대해서는 그리 열정을 다하지 않는다. 그러니 끊임없이 마케팅이 필요해지는 것이다.
　그럼 신재율로 매장의 어떤 것을 판단할 수 있는 살펴보자.

1) 가격의 적절성-가격의 서비스 대비 적정한지 알 수 있다.

2) 기술, 서비스 만족도

3) 선불권 영업력

4) 디자이너 매출 관리

　디자이너를 매출로 평가하지 말고 신재율과 고정 고객 재방문율로 관리하면 매출은 자연히 증가한다. 신재율은 고객이 느끼는 가성비를 알 수 있고, 디자이너 기술, 서비스를 종합한 고객 만족도를 평가해 볼 수 있다. 더 나아가 어떤 시술이 강하고 약한지와 앞으로의 가능성까지 판단해 볼 수 있다.
　디자이너가 매출이 낮거나 슬럼프가 왔을 때 원인을 찾는데도 도움이 된다. 미용실에서 신규 고객 수도 중요하지만 미용실의 성패를 결정하는 것은 신재율이다.

신재율로 평가할 수 없는 디자이너는 신규 고객을 받지 않는 오래된 디자이너이다. 이들은 고정 고객 재방문율로 평가해 왔는데 이것은 신재율과는 다를 뿐 아니라 제대로 분석하지 않으면 부작용이 크다. 기존에 사용하는 재방문율은 두 가지인데,

○ 신규 고객의 재방문율
○ 고정 고객의 재방문율

모두 커트 고객을 포함한 재방문율이고 보통 고정 고객 재방문율을 '재방문율'이라고 표현하는 경우가 많다.

신규 고객 재방문율은
보통 디자이너   28~32%
잘한다는 디자이너   33~38%
아주 많이 잘하는 디자이너는 39~42% 선이다.
물론 커트 고객을 제외하면 이 비율은 좀 더 낮아진다.
고정 고객의 재방문율은 대략 80~85%가 일반적이지만 90%가 넘는 디자이너도 있는데 이런 데이터를 잘못 해석하게 되면 어떤 오류를 범할 수 있는지 살펴보자.

〈질문〉

객단가 40,000원 인턴이 있는 미용실에서 5년 근무한 신규 고객을 받지 않는 월 매출 1,000만 원인 고정 고객 재방문율 85%인 디자이너는 잘하는 걸까? 못하는 걸까?

〈정답〉

알 수 없다

〈왜?〉

디자이너가 오래 근무하며 받은 많은 신규 고객 중에 현재 남아 있는 고객의 재방문율이다.
그동안 받은 신규 고객 수를 계산해 보면 잘하는 사람이라기보다 보통이거나 보통보다 못한다고 봐야 한다. 물론 매장의 컨디션이 좋지 않다면 잘하는 사람이 될 수도 있다. 다른 디자이너들 월평균 매출이 500~600만 원 정도 하는 곳이라면 고군분투하며 고객의 신뢰를 얻어 왔다고 볼 수 있다.

이렇듯 데이터 분석 중에서 재방문율 분석은 정말 다양한 경험과 데이터를 기반으로 봐야 하므로 기준을 정확하게 세우는 것이 중요하다.

당신에게 신재율이 얼마나 될 것 같은지 질문해 보면 마음속에서는 70~80% 될 것 같을 것이다.

디자이너 역시 50% 이상은 다시 오는 것처럼 느낀다. 실제 조사해 보면 그렇지 않은데 말이다. 잘하고, 못하는 디자이너의 신재율 10% 즉 10명 중 1명의 차이가 어떤 결과를 만들어 낼까?

미국 시장조사 기관 TARP의 분석자료 중 기업에 공식적으로 불만을 제기하는 1명의 고객 뒤에는 무려 1,585명이 이 불쾌함을 공유하고 있다고 한다. 실제 많은 디자이너의 데이터를 분석면서 이 이론이 맞다는 것을 경험했다.

디자이너 월 고객 수가 200명 중 여성 신규 화학 시술 고객 수가 20명이고 신재율이 30%라면
한 달에 6명 만족, 14명이 불만족한 것이다.
신재율이 40%면
한 달에 8명 만족, 12명이 불만족한 것이다.
불만족 고객 중에서 심한 클레임 고객을 30%라고 한다면

산재율 30%의 디자이너는 4.2명_한 달에 불쾌감 공유 고객 6,657명
산재율 40%의 디자이너는 3.6명_한 달에 불쾌감 공유 고객 5,706명

한 달에 약 951명 차이가 생기고 1년에 약 11,412명의 차이가 난다. 신재율 10%가 얼마나 큰 차이를 가져오는지 볼 수 있다.
신재율 10% 차이가 나는 디자이너들의 1년 후 매출 차이는 약 1.5~2배까지 차이가 나고 시간이 흐를수록 매출의 격차는 더 커진다.
신재율이 28% 이하로 떨어지는 미용실이나 디자이너는 1년 내에 영업이 어려워지고 퇴사할 확률이 높다.

신재율이 떨어질 경우 가장 먼저 주변 업체의 가격 조사부터 해봐야 한다. 고객은 당신보다 더 주변 미용실의 가격과 장단점을 잘 알고 있다. 가격이 주변보다 높다면 빨리 가격 조정이나 가격에 상응하는 만족도를 줄 수 있는 서비스를 만들어야 한다.

신재율이 떨어지는 디자이너는 메뉴별 재방문율을 살펴보고 신재율이 떨어지는 메뉴에 대해서 교육을 시켜주거나 허심탄회하게 대화를 나눠 함께 방법을 찾으면 의외로 빠르게 신재율을 높여줄 수 있다. 디자이너에게 매출이 안 나오면 막연히 열심히 하라던지 교육을 받으라고 말하는 추상적인 관리는 도움이 되지 않는다.

신재율을 가지고 선불권 영업에 소극적이거나 매출이 오르지 않는 디자이너와 상담을 하면 설득력이 높아진다. 신재율은 선불권을 끊은 고객이 당연히 높게 나온다. 선불권을 끊은 고객의 평균 객단가와 일정 기간 내 소비액도 단품 메뉴만을 시술하는 고객보다 높다.

시소게임

―

"메뉴별 비율이 어떻게 돼야 정상인가요?"

● 전체 매출에서 커트, 파마, 염색 매출 구성 비율이 중요하다. 메뉴별 비율을 통해 매장 현황을 가늠해 볼 수도 있다. 커트 매출이 전체 매출에서 35%가 넘는 곳은 직원 관리에 어려움을 겪게 된다. 커트가 많다 보니 노동강도는 높은데 미용실 수익은 낮아 충분한 보상을 해 주지 못한다. 그 결과 직원들은 불만이 쌓이고 미용실은 불안정해진다.

화학 시술 매출(파마, 염색)이 57% 이하일 경우도 비슷한 상황이 생긴다. 둘 중에 커트 고객 매출이 35%를 넘어가는 것이 화학 시술 매출이 57% 미치 못하는 것보다 문제가 많이 발생된다.

미용실 매출은 규모와 인력에 맞는 적정 고객 수가 채워지면 메뉴별 비율은 시소게임과 같다. 객단가와 고객 수가 정해져 있으므로 커트 매출이 오르면 파마 염색 매출이 낮아진다. 헤드스파나 두피 클리닉이 전체 매출에서 40~50%가 넘어가는 곳들도 있는데 이런 곳들은 일반적이지 않다. 이런 메뉴로 매출을 견인해 보겠다고 시도 하지만 대다수 생각한 만큼 결과가 나오지 않는다. 미용실 내의 특정 메뉴가 활성화되기 위해서는 선행되어야 하는 것들이 있다.

이것을 무시하고 시도하기 때문에 실패하게 된다.

1. 원장이 직접 시술한다면 큰 문제가 없지만 디자이너 한 두명에게 의존해 특정 메뉴를 성공시킨다는 것은 매우 어렵다.
2. 헤드 스파나 두피 클리닉 메뉴는 선불권 형태로 운영되는 경우가 많은데 직원 이직이 잦거나 직원 수가 적은 곳들은 시간이 지날수록 효율성이 떨어지는 것을 경험하며 서서히 축소시킨다.
3. 미용실에서 새로운 메뉴가 만들어진다는 것은 누군가는 힘들어진다는 것을 의미한다. 새로운 메뉴를 정착시키는 초기에는 디테일한 포상 제도로 습관을 만들어 주는 게 중요하다.
4. 마지막 가장 중요한 것은 시간, 규모, 인력, 비용에 대한 고민을 하고 난 후 결정해야 한다. 한 가지라도 원활하지 않다면 얼마 지나지 않아 그만두게 된다.

추가로 여름에 흔히 하는 염색 행사는 대체로 효과가 없다. 미용실 매출에 12~20% 내외가 염색이 차지하는데 8~15% 고객은 새치 커버 고객이다 결국 매출에서 4% 내외의 멋내기용 염색 고객을 대상으로 행사를 하는 것이다.

  미용실의 모든 행사는 신규 고객 유입이나 객단가가 높은 메뉴로 전환시키기 위해 하는 것인데 대체로 중소형 미용실에서 현수막이나 배너로 홍보하고 기존 고객에게 문자 발송하고 진행하는 행사는 매출에 큰 영향을 주지 못한다.

3

기본으로 이긴다

율(率)로 경영하라

—

"비용을 줄일까요? 매출을 높일까요?"

- 다음으로 지출 관리에 대해 말해 보도록 하겠다.

인건비	45~55%
임차료(월세)	13~15%
재료+점판	8~10%
세금	8%
복리후생비	2%
일반관리비	3%
광고비	1%
수익	8~13%

최근 미용실 평균 지출 항목의 비율이다. 항목별 다소 편차가

있지만, 비율도 시대와 환경에 따라 계속 바뀌고 있다. 대표적인 것이 인건비이다.

불과 몇 년 전까지 인건비 38%, 임차료 10% 정도였으나 최근에는 인건비는 약 10~15% 임차료는 3~5% 증가했다. 요즘 평균 수익은 8~13% 선에서 운영되고 있다. 인건비는 매출에 비례해 45% 보다 낮은 경우는 거의 없고 많게는 55%에 달하는 경우도 있다. 만약 인건비가 45% 이하가 되면 직원들의 잦은 이직이 생기고 결국 45%이상으로 조정할 수밖에 없어진다.

그러니 인건비 비율이 45%이하로 떨어져 있다면 한 번쯤 잘 생각해 보기 바란다. 단 45%라는 기준은 인턴 인건비까지 포함한 금액이지 단순히 디자이너 인센티브만을 의미하는 것이 아니다.

인건비에는 원장이 직접 일하는 곳은 원장의 인건비도 포함시켜야 한다. 중소형 원장들은 자신의 인건비를 계산하지 않고 수익을 계산하는데 그러면 정확한 수익을 알 수 없다.

다음으로 임차료 비중이 높다면 매출을 높이는 것 외에는 방법이 없다. 가능하면 월 매출에서 10%선을 만들어야 경쟁력이 생기고 수익률을 유지할 수 있다.

재료비는 시술 재료비 5% 내외 점판 재료비를 3% 정도로 이루어지는데 두 개를 합쳐 평균 8%가 일반적으로 미용실의 재료 비율이다.

당부하고 싶은 것은 경기가 안 좋다고 비용을 줄이는데만 집착하면 안 된다.

지금 같은 시기에 중소형 미용실은 수익률 유지를 위해 비용을 줄이려고 노력하기보다 비용을 조금 쓰더라도 매출을 높이는 전략이 효과적이다.

반대로 공격적으로 영업을 해왔던 대형 미용실은 매출을 더 이상 높이는데 한계가 있기 때문에 비용을 줄이는데 중점을 두는 것이 유리하다.

중소형 미용실은 1% 비용을 줄이는 것보다 10% 매출을 올리는 것으로 관점을 바꾸어야 한다.

미안하지만 그래서 매출을 못하는 거야

—

"경력도 많고 기술도 좋은데 왜 매출이 안 나올까?"

자기가 옳다는 생각이 강하면 아집과 오만이 생긴다. 초급 디자이너도 6개월 만에 월 매출 1,000만 원을 하는 경우를 쉽게 볼 수 있고 경력 10년 넘은 디자이너가 월 매출 1,000만 원을 넘기지 못하는 경우도 많다. 월 매출 1,000만 원 이상의 초급 디자이너는 브랜드 후광 효과로 말할지 모르지만, 브랜드가 아닌 개인 미용실에서도 그 정도 매출을 올리는 초급 디자이너가 많아졌다.

미용이 기술로만 평가받는다면 그들은 절대 월 매출 1,000만 원 이상을 할 수가 없어야 한다. 반대로 10년 이상 경력자는 월 매출 1,000만 원은 무조건 넘어야 한다. 하지만 현실은 그렇지 못하다.

왜 경력자들은 성장하지 못하고 정체되다 결국 쇠퇴하게 되는 것일까? 그들의 자만심과 나태함 때문이다. 예를 들어 단발 커트 고객이 실제로는 길이가 같은데 다른 것 같다고 말한다면 경력 디자이너는 이렇게 말한다. "고개가 살짝 삐뚤어져서 그래요 이렇게 고개를 바로 해보세요. 맞지요, 이게 맞는 거예요. 고객님이 고개가 기울어져서 그런 거예요."라고 말한다.

평상시 고개가 살짝 삐뚤어지게 생활하는 사람이라면 계속 스트레스를 받으며 굉장히 짜증이 날 것이다. 반대로 초급 디자이너 대다수는 같은 상황에서 고객의 요구에 맞춰준다. 스스로 기술이 부족하다고 생각하기 때문에 고객을 가르치려 하지 않고 고객 요구에 최대한 맞추어 주려고 노력한다.

매출을 못 하는 경력자와 매출을 잘하는 초급자의 차이를 단적으로 표현한 것이다. 자기의 말을 듣지 않거나 불만을 말하는 사람을 경력자는 진상 고객이라 부른다. 반대로 초급자는 자신의 부족한 실력을 탓한다. 분명히 기술은 중요하다. 하지만 더 중요한 것은 '고객의 관점'이다. 내가 맞다고 생각하는 것이 중요한 것이 아니라 고객이 원하는 것이 맞는 것이다. 당신 말이 사실이라 해도 고객은 자기의 니즈에 맞추어 주기를 원하는 것이다.

원장이나 경력 디자이너의 정체 이유 중 또 다른 하나는 노력과 도전을 하지 않는 것이다. 자신의 헤어스타일은 짧게는 3개월 길어도 1년에 한 번씩은 변화를 주면서 오래된 단골 고객의 스타일은 몇 년째 큰 변화가 없다. 단골이라 스타일을 잘 안다는 이유로 매번 똑같은 스타일을 습관적으로 해 준다.

자기 스타일이 강한 사람도 가끔은 변화를 주고 싶을 때가 있고 그럴때 당신에게 더 이상 새로움을 기대하기 어렵다고 느끼면 다른 곳으로 가게 된다. 하지만 디자이너는 그런 생각을 하지 않고 고객이 이사를 갔거나 무슨 사정이 생겼을 것이라고만 생각한다. 월 매출 평균 5,000만 원을 했던 디자이너가 자기는 신규 고객이 오면 최소 5cm 이상 커트를 하는 것이 목표인데 그래야 자기의 마니아로 만들 수 있다는 것이었다.

짧은 헤어 스타일로 변신시켜 드린 고객은 몇 년 후에 할 긴 머리 스타일을 제안해 주어 함께 만들어 간다고 한다. 당연히 고객은 다른 곳에 갈 이유가 없어진다. 당신 단골 고객은 스타일이 얼마나 자주 바뀌고 있는가? 이번 달에 파격적인 스타일로 변화 시켜 준 고객은 몇 명이나 되었는가? 다양한 스타일의 변화를 제안해 주지 않는다면 고객은 조만간 다른 곳으로 발길을 돌릴 것이다. 빠르게 바뀌는 환경과 디자이너 간의 경쟁에서 밀리지 않기 위해 열심히 교육을 받고 연습을 해야 한다. 최근 100시간 자기 계발 훈련법이 유행했다.

그 사람들의 열정과 노력을 보며 당신은 무엇을 느꼈는가? 그 사람들보다 당신이 잘된다면 그것이 더 불공평한 것 아니겠는가?

언제까지 당신의 옛날 옛적 기술과 스타일을 가지고 살아남을 수 있을 거라 생각하는가?

하고 싶지도, 할 생각도 없다

"다른 데서 다 해 할 게 없어요"

삼성경제연구소 연구 결과에 따르면 기업이 4년 연속 성장하지 않았을 때는 5년 이내 퇴출당할 확률이 40%라고 한다. 유지만 하면 다행이라는 생각을 가지고 있다면 곧 위기를 경험하게 될 것이다.

유니클로 회장은 "경영자가 현상 유지만 하려고 하는 순간 모든 것은 끝이다."라고 말했다. 원장들이 현상 유지에 급급한 이유는 방법을 모르기도 하지만 성장보다는 이익에 중점을 두기 때문인데 굉장히 근시안적인 생각이다. 인재는 성장하지 않는 곳에 머물지 않는다. 고객 역시 그런 곳은 외면한다.

오랫동안 미용실을 운영해 고정 고객 위주로 영업을 하고 있다면 변화의 필요성이 크지 않을 것이다. 실패에 대한 두려움과 힘들었던 직원 관리로 '지금껏 이렇게 해 왔는데 이제 와 뭘 바꿔 요즘 같을 때는 그냥 가만히 있는 게 잘하는 거야'라고 스스로 위안을 삼으며 도전을 망설이고 있을 것이다.

지금 당신에게 무엇보다 필요한 것은 작은 성장을 경험하는 것이다. 그래야 더 큰 도전과 성장을 할 수 있다. 이것이 반복되면 당신에게 꿈이었던 것들이 어느새 현실로 이루어 질 것이다.

욕심내지 않고 작은 것부터라도 해보겠다고 결심했다면 일단 시작부터 하자. 그리고 '차별성'을 어떻게 만들어 갈 것인가를 늘 고민해야 한다.

'차별성' 없는 노력과 도전은 시간과 에너지 낭비다.

인스타를 하겠다면 차라리 한 가지 스타일과 메뉴만 집중해 전문가 이미지를 만드는 것도 좋은 차별화다. 이것도 잘하고, 저것도 잘해요 라고 말하고 싶겠지만 고객의 입장에서는 누구나 하는 말은 아무도 하지 않는 것과 같이 차별성 없게 느낀다.

개그맨 김영삼 씨는 치과의사다. 한국뿐 아니라 다른 나라까지 많은 강연을 하고 있는데 그는 치과의사들이 기피하는 사랑니 발치 전문가로 브랜딩을 했다. 대한민국 의사 중 사랑니를 가장 많이 뽑았고, 잘 뽑을 것이라고 자신 있게 말한다.

이것을 미용으로 가져와 본다면 어떻게 응용할 수 있을까? 다

운파마, 단발머리, 볼륨파마. 물결파마 전문 등 분야는 많다. 단발머리 전문으로 유명한 디자이너도 있고, 바버전문으로 인기와 성공을 거두고 있는 사람도 있다.

무엇이든 한 단어만 선점하면 되는데 다른 사람이 이미 선점했다고 고민할 필요 없다. 한 사람이 한 파트의 시장을 다 장악할 수도 없고 당신도 그 정도까지 유명해질 생각은 없지 않은가?

오늘부터 선점할 단어를 정하고 그 선점한 단어로 차별성을 만드는데 집중하자.

얼마 지나지 않아 사람들이 당신을 따라올 수 없게 될 것이다.

기본으로 이긴다

"딱히 뭐가 없는데 뭐로 경쟁할까요?"

하버드 비즈니스 스쿨 마이클 포터 교수는 '경쟁 우위'라는 말을 대중적으로 만들었다. 포터 교수의 경쟁 우위는 차별화 전략과 원가 우위 전략을 말한다. 차별적 경쟁력이 있다면 어떤 곳에서도 경쟁에 이길 수 있고, 원가 우위를 가지고 있으면 어떤 경쟁자도 이길 수 있다는 것인데 경쟁 우위 전략 중 미용실은 원가 우위보다는 차별화에 집중하는 것이 바람직하다.

미용실에서 차별성을 말하면 제품을 먼저 떠 올린다. 하지만 돈과 시간을 들여 제품을 바꾸고 신메뉴를 만들어도 매출은 쉽게 오르지 않는다. 설혹 효과가 있었다 해도 그리 오래가지 못한다. 신메뉴를 만들었는데 그것이 대박이 나면 다른 곳에서 따라 하는데 시간이 얼마 걸리지 않는다. 그래서 제품으로 만들어진 차별성은 오래가지 못한다. 물론 좋은 제품을 통한 변화는 필요하지만, 지금 당신이 집중해야 할 우선순위는 아니다.

다음으로 부가 서비스에 집중한다. 고객은 커피가 맛있거나 무료 네일 서비스, 핸드마사지를 해준다고 미용실을 선택하지 않는다. 부가 서비스는 말 그대로 부가적 요소다.

제품, 부가서비스 이것을 나는 '플러스알파'라고 부른다. 그럼 왜 사람들은 플러스알파에 집중하는가? 가장 쉬운 방법이기 때문이다. 돈을 쓰거나 직원에게 지시하면 되는 것들이 플러스알파인 경우가 많다. 다른 곳에서 따라 하는 것 역시 쉽기 때문에 차별성이나 경쟁력이 되지 못하는 것이다. 그렇다면 어떤 것이 경쟁 요소가 될 수 있는지 알아보자.

경쟁업체들보다 잘한다고 자신 있게 말할 수 있는 것이 어떤 것인가? 예를 들어 친절하다가 아니라 모든 고객 시술이 끝나면 담당 디자이너는 반드시 문밖에 나가 인사를 한다. 같은 구체적인 것을 말하는 것이다.

경쟁 미용실보다 기술이 좋다. 친절하다를 제외하고 확실히 잘하는 것이라고 말할 수 있는 것이 몇 가지만 있어도 매출은 자연스럽게 올라간다.

처음 미용실을 인수해 적자가 나는 상황에서 새로 만들어야 할 것과 빨리 바꿔야 할 수십 가지 것들이 머릿속에 뒤엉켜 마음이 조급하고 힘들었다. 고민 끝에 내린 결정은 할 수 있는 것부터 하나씩 만들어 가자는 것이었다. 2주일에 1가지만 집중해 습관을 만들자는 전략으로 처음 시작한 것이 인사였다.

고객이 오는 모습을 처음 본 직원이 매장 내 다른 직원들을 향해, '고객님 오십니다'를 외치면 직원들이 마음속에 인사를 준비한다. 그리고 고객이 들어오면 처음 본 직원이,

'반갑습니다. ○○헤어입니다' '좋은 아침입니다 ○○헤어입니다'라고 인사를 하면 그 인사를 듣고 매장 내에 어떤 일을 하고 있던지 모든 직원이 인사를 하도록 했는데 인사는 두 문장 이상으로 하도록 했다. 고객이 나갈 때도 매니저 없이 직원들이 돌아가며 카운터를 보았는데 계산을 마친 직원이 '고객님 나가십니다'를 외치면 나머지 직원 모두가 '감사합니다. 행복한 하루 되세요' '감사합니다. 즐거운 하루 보내세요'라고 큰소리로 인사를 했고, 시술한 디자이너는 반드시 문밖에 나가 배웅하고 들어오는 것을 원칙으로 했다.

문밖에 나가 인사한다는 것은 반드시 손잡이에서 손을 떼고 밖으로 나가 고객이 3걸음 뗄 때까지 인사하고 기다려 주는 것을 말한다. 처음에는 대부분 출입문 손잡이를 한 손으로 붙잡고 인사를 했는데 손잡이에서 손을 떼고 인사하게 만드는 데 무척 애를 먹었다. 이렇게 인사가 매장에 정착되기까지 2주를 예상했지만 약 3주가량 걸렸다.

인사하나 바꾸겠다고 적자가 나는 상황에서 3주를 투자한 것이다. 인사를 두 문장 이상으로 했던 이유는 서비스 교육을 받으면 마음과 정성을 다해 목소리 톤을 '솔'로 하라 끝을 올려라. 이렇게 배우지만 직원들의 생각의 변화까지 요구하는 것은 무리였다. 그래서 여러 방법을 시도해 보니 그나마 두 문장 이상으로 인사를 하면 조금은 친절한 느낌을 줄 수 있었다.

다음으로 어려웠던 것은 손님이란 단어를 고객님으로 바꾸는 작업이었다. 손님과 고객님의 의미 차이가 어떻게 다른지 모르겠지만, 손님이란 단어를 사용하면 '손님 이리로 오세요'라고 말하게 되지만 이것을 고객님으로 바꾸게 되면 뒷 문장이 '고객님 이쪽으로 오십시오'로 달라진다. 손님을 고객님으로 바꾸는데 또 2주~3주가 걸렸다. 이렇게 거의 두 달가량을 다른 곳에서는 아무것도 아닌 것들을 만드는데 시간을 보냈다.

하지만 서비스업에서 반드시 필요한 기본이라고 생각했기 때문에 변화를 원하지 않는 직원과의 갈등과 효과도 없는 쓸데없는 짓을 하는 게 아닐까 하는 염려 속에서 마음을 다잡고 꾸준하게 변화를 시도했다.

인사와 기본적인 것들이 만들어지고 나니 고객들의 반응이 변하고 직원들도 자신감을 갖기 시작했다. 이때부터는 변화의 속도가 급속도로 빨라지기 시작했다. 기본기 한 가지에 2~3주씩 걸렸던 것이 플러스알파는 한 가지를 정착하는데 보통 3~4일 아무리 길어도 일주일이면 충분했다.

핫, 냉타월 서비스, 좌식 샴푸, 일회용 비닐에 가운 포장 제공, 핸드마사지, 토닉 서비스 등 하나씩 정착시켜 나가다 보니 4~5개월이 지난 후부터는 매출이 우상향 곡선을 그리기 시작했다.

그동안 경험했던 것을 많은 곳에 알려주어도 실천하는 곳은 열 곳 중에 한 곳 정도였다. 물론 꾸준히 한 곳들은 당연히 4~5개월 후 부터는 적게는 20% 많게는 50% 이상 매출 상승 효과가 있었다.

모든 서비스는 평일에 잘하는 것보다 주말에도 예외 없이 하는 것이 가장 중요하다.

당신이 얼마나 미용실을 운영했는지 모르겠지만 영업이 어렵다면 그동안 잘하는 경쟁 요소 하나 만들지 않고 시간을 보내왔기 때문이다.

대단하지 않은 지루한 것들을 꾸준히 하면 반드시 기대 이상의 결과가 나온다. 당신이 무엇을 하든 안 하든 시간은 흘러간다. 그 시간에 누군가는 꾸준히 자신만의 경쟁력을 만들어 간다. 시작하기 전에는 답답하고 의심스러울 수 있지만 직접 해보면 가장 빠르고 효과적인 방법이라는 것을 알게 될 것이다. 지금 마케팅이나 제품 교육이 먼저가 아니다. 기본부터 새로 시작해야 할 때다.

나는 지금 내가 대단한 사람이 아니라고 말하고 있다. 대수롭지 않은 시시한 것들을 꾸준히만 하면 누구나 할 수 있다고 말하는 것이다.

당신이 할 수 없는 것을 나는 해냈다거나 다른 사람에게 없는 특별한 비법 같은 것을 알고 있다고 말하는 것이 아니다. 망한 미용실을 인수해서 특별한 홍보 없이 4~5개월 만에 손익분기점을 넘기고 8개월 만에 매출을 3배로 성장시킨 방법은 누구나 할 수 있는 것을 했다고 말해 주는 것이다.

기존에 직원들을 데리고 만든 결과이니 효과가 있다고 장담할 수 있다. 잊지 말아야 하는 것은 '모든 고객'에게 '항상 똑같이' 해주어야 한다.

시키는 대로 했는데 효과가 없다고 말하는 사람은 주말이나 고객이 두 명만 있어도 바쁘다는 핑계로 제대로 하지 않은 경우다. 모든 고객에게 하지 않으면 시스템도 아니고 시간이 지나면 반드시 없어질 뿐 아니라 역효과를 가져온다. 2~5인 미용실이 변화를 시도하기 어려운 이유가 직원들이 잘 따라 주지 않기 때문인데 시스템이니 뭐니 하며 거창하게 접근하면 중도에 포기하게 된다. 처음에는 직원들이 깊이 생각하지 않고 단순 반복하게 만들어 습관이 되도록 만들어야 시스템이 될 수 있다.

그 시작이 인사다.

인사를 통해 고객이 다른 곳과 차별성을 느끼면 상담이 효과를 발휘하고 매출과 분위기 변화를 통해 직원들도 성취감과 자신감을 가지게 된다.

팀제의 효과

"인력을 효율적으로 운영하는 방법이 없을까"

• 직원들이 협력하며 일하길 원한다. 인력이 부족한 곳은 직원 간에 협력이 절실한데 대부분 인간성에 호소해 협력관계를 만들려고 한다. 얼마 동안은 개인의 성숙함에 의존할 수 있지만, 장기간 지속되긴 어렵다. 사람은 자기의 이익을 우선 하고, 인간관계가 항상 좋을 수만은 없기 때문이다.

가장 좋은 방법은 서로 이익 공동체라고 느끼게 만들어 주는 것인데 대표적인 제도가 팀제이다.

직원들은 미용실과 더불어 성장하고 있다고 느낄 때 소속감과 충성도가 생기는데 인테리어 리뉴얼이나 브랜드 전환, 추가 오픈을 통해 만들 수 있다. 하지만 비용이나 여러 가지 상황이 어려운 경우가 많은데 그나마 팀제는 공동체 의식을 심어줄 수 있는 현실적인 방법이다.

팀제는 서로 힘을 합치면 얻게 되는 이익을 명확하게 제시해 줌으로써 공동체 의식을 의도적으로 만들 수 있다.

많은 사람들이 가족 같은 분위기를 좋은 관리 방식이라고 생각한다. 일 할 때는 가족 같은 분위기가 너무 좋다고 말했던 직원들이 나가서는 시스템도 없고 체계도 없는 동네 미용실이라 말하고 다닌다는 말을 들으면 가슴이 무너진다.

가족 같은 분위기는 규칙과 시스템 속에서 긍정적 효과를 만들어 낸다. 하지만 그렇지 못한 곳에서는 부작용이 생긴다.

팀제는 '가족같이'란 추상적인 단어를 구체화시킨 것이다.

흔히 팀제는 직원이 많은 곳이나 하는 시스템이라고 생각하기 쉬운데 오히려 직원이 적은 곳에서 전체 매출을 활용해 포상을 할 수도 있어 효과가 더 크다.

직원이 많은 곳은 포상을 해주어도 금액이 적거나 전체 매출과 연동해 수익을 나눠 주기 어려워 공동체 의식보다는 영업적인 경쟁 구도가 만들어지는 것이 대부분이다. 이런 곳은 팀제를 운영할 때 오히려 이기적인 조직이 되지 않게 세심하게 살펴야 한다.

그럼 팀제 운용에 큰 틀을 예시로 알아보고 각자 자기 매장의 상황에 맞추어 변형시키면 될 것이다.

팀제 운영 첫 번째 달에는 팀제 포상 기준

A팀
두 명의 디자이너 3개월 평균 월 매출 1,000만 원
1,100만 원이 포상 최저 매출

B팀
두 명의 디자이너 3개월 평균 월 매출 900만 원
990만 원이 포상 최저 매출이 된다.

A 팀 1,090만 원 B팀이 991만 원을 했다면 **B팀 승**
A 팀 1,090만 원 B팀이 980만 원을 했다면 **두 팀 모두 포상기준 미달**
A 팀 1,200만 원 B팀이 1,080만 원을 했다면
A팀 8.3%(100만 원 초과) B팀 9.1%(90만 원 초과**) B팀 승**

포상 기준 매출이란 원장이 팀제를 운용하는데 효과도 없이 포상만 해주게 되는 것을 막기 위해서다. 3개월 평균 매출보다 10%~15% 높인 매출이 그 팀이 포상을 받을 수 있는 포상 기준 매출이 된다. 이 매출을 넘긴 팀 들만 포상을 받을 수 있는 기회를 얻게 되고 이 팀들을 대상으로 순위를 가린다.

월말이 다가오면 1위 팀은 포상금을 받을 수 있다는 생각에 더욱 신나게 일하는 반면 2위 팀은 중도에 포기하는 경우도 생기는데 그럴 경우에는 미용실 전체 매출 목표를 달성하면 포상을 받을 수 있는 제도를 함께 운영해 끝까지 포기하지 않고 1위

팀과 협력하게 하는 것도 필요하다. 완전히 영업적으로 팀제를 운영한다면 팀별 대항으로 각 팀에서 돈을 내고 거기에 원장이 추가로 돈을 더해 주어서 이긴 팀이 모두 가져가는 방식으로도 운용할 수 있다.

3~4개월만 운영하면 어느 정도 팀제가 정착된다.

다른 기대 효과는 기술이 부족한 디자이너가 자연스럽게 잘하는 사람의 기술을 배울 수 있게 해주는 효과도 있다. 디자이너가 기술이나 상담 능력이 부족할 때 가르치고 싶지만, 여러 가지 사정으로 쉽지가 않다. 팀제는 기술이 부족한 디자이너가 팀이란 명분으로 자연스럽게 잘하는 사람의 노하우를 배울 수 있는 분위기를 만들어 줄 수 있다.

어느 지방 미용실은 인턴이 없는 미용실에서 디자이너 팀제를 잘 활용해 월 매출이 400만 원 하는 디자이너가 월 인센티브를 300만 원이나 받기도 하는 팀제를 시작했는데 모두가 만족하는 결과를 만들었다. 인턴이 없어 매출을 1500만 원 이상하는 디자이너는 항상 손이 딸려 힘들어 하고 신입 디자이너는 신규가 적어 힘들어 하는 상황에서 이들을 팀으로 만들어 운영하니 모두 만족스러운 결과를 만들어 냈다.

디자이너가 2명이라면 꼭 경쟁을 붙이는 팀제가 아니라 공동의 목표를 주어 한 팀이라고 생각할 수 있도록 해 주면 된다.

'비싸다'와 '비싸지만'

"그동안 가격은 제대로 받았어요!"

• 영업이 어려워 매각을 부탁하는 원장이 '그동안 가격은 제대로 받아왔다'라며 진지하게 말하는 모습을 보면 마음이 무겁다. 거창한 경영이란 단어를 들먹이지 않더라도 기본조차 모르고 영업을 했다는 것이다.

'제대로 받은 가격'이란 무엇일까?

요금은 원장이 아니라 고객이 결정하는 것이다. 고객은 가격의 적정성을 재방문이란 행동으로 말한다.
 영업이 안 되는 것은 제대로 받았다고 말하는 가격이 고객은 비싸다고 느꼈다는 것이다.

다시 말해 그동안 요금을 제대로 받지 않고 있었다는 말이다.
모든 제품과 서비스에 적정 가격이란 것이 있다.
'비싸지만 ~~ 했다'라는 것은 가치를 인정한다는 말이다. 영업이 어려운 것은 고객이 지불한 요금만큼 만족하지 못하고 '비싸다'고 느낀 것이다.

유명 명품 가방을 50% 할인한다고 사람들이 밤새 백화점 앞에서 노숙하는 것을 뉴스로 본 적이 있다. 그곳에서 줄을 서 있는 사람과 인터뷰를 했는데 살 수만 있다면 무조건 사는 게 이익이라고 생각하고 있었다.
가방 하나가 일반 직장인 몇 달치 월급인데 싸다고 말하며 정확히 어디에 쓸지도 정하지 않고 무조건 사겠다고 밤새 길거리에서 노숙까지 하는 것이다. 이런 모습을 보면 사람은 절대 합리적이거나 이성적이지 않은 것 같다.
반대로 재래시장에서 장을 보거나 인터넷으로 제품을 구매할 때는 세상에서 가장 합리적이고 이성적인 사람이 된다. 앞서 말한 원장이 제대로 가격을 받았다면 아마도 미용실이 잘 운영 되었을 것이다.

원장 중에 기술이 자신 없는 사람은 없다. 설혹 다른 사람이 볼 때 기술이 부족해 보여도 정작 자신은 기술에 자신 있다고 믿기 때문에 오픈을 했던 것이다.

여기서 모든 것이 잘못되기 시작한다.

미용은 기술이 전부라고 생각하는데 기술에 자신 있다고 생각하니 요금도 적정하지 않게 책정한다. 그로 인해 영업이 어려워져도 영업이 안 되는 원인을 모르게 된다.

결국 문을 닫는 순간까지도 이렇게 착각에 빠져 있게 되는 것이다.

당신의 주관적 판단은 아무 의미가 없다.

고객이 느끼는 것이 중요하다.

답은 간단하다.

영업이 어렵다면 당신이 가격을 제대로 받지 않고 있다고 고객이 말해 주는 것이다.

가격 조사의 함정

—

"우리는 딴 데보다 싸요"

• 이나모리 가즈오는 최적의 가격을 결정하는 것은 낙타가 바늘구멍을 지나는 것과 같이 어렵다고 했다. 최적의 가격을 결정하는데 반드시 필요한 것은 가격 조사다.

가격 조사를 할 때 자주 하는 실수가 무작위로 주변 업체의 가격을 조사하는 것이다. 경쟁업체에 대한 가격 조사는 반드시 잘 되고 있는 곳만을 대상으로 조사해야 한다. 옆에 있다는 이유로 영업이 안 되는 곳까지 조사해 가격 결정에 반영한다면 당신도 곧 같은 상황에 놓일 것이다.

영업이 안 되는 곳은 잘 되는 주변 업체들의 가격 조사를 하다 보면 자연스럽게 이유를 알게 된다. 아래는 오픈을 위해 가격 조사를 한 것인데 이해를 돕기 위해 단순화시켰다.

당신 미용실이 디자이너가 3명이고 30평 미만이라 가정하자.
단 인테리어, 사용 제품, 평수 등은 동일하다는 전제로 살펴보자.

브랜드	커트	파마	열펌	염색	디자이너 수
A	25,000	60,000	100,000	70,000	2
B	25,000	80,000	110,000	80,000	2
C	23,000	72,000	90,000	72,000	2
당신 매장	24,000	70,000	100,000	72,000	3

비슷한 규모의 미용실과 비교해 요금은 적정해 보인다.
다음은 상위그룹을 조사한 결과이다.

브랜드	커트	파마	열펌	염색	디자이너 수
D	30,000	110,000	180,000	100,000	6
E	22,000	69,000	99,000	79,000	6
F	22,000	66,000	132,000	55,000	6
G	25,000	80,000	130,000	100,000	10
H	30,000	125,000	175,000	130,000	6
I	40,000	130,000	180,000	100,000	5

예상외로 상위 그룹인데 가격이 저렴한 곳이 있다.

보는 관점에 따라 다른 판단을 할 수 있지만 최저 가격만을 놓고 비교해 보면 평균요금이 상위그룹 중 저렴한 곳보다 비싸다. 이런 경우라면 당신은 둘 중 하나를 결정해야 한다. 고객이 인정할 수 있는 차별성을 만들어 요금을 유지하거나 가격을 조정해야 한다.

상위 그룹 중 두 곳을 선정해 좀 더 상세히 살펴보기로 하자.

브랜드	커트	파마	열펌	염색	디자이너 수
E	22,000	60,000	99,000	79,000	6
F	22,000	66,000	132,000	55,000	6
당신 매장	24,000	70,000	100,000	72,000	3

만약 2곳의 미용실이 가까운 곳에 있고 당신이 특별한 경쟁력이 없다면 조만간 가격 인하와 할인으로 경쟁을 해야 할 것이다.

고객은 단순히 싸다, 비싸다로 미용실을 선택하지 않는다. 싸다, 비싸다는 이용한 후 판단하는 것이고, 방문 전에는 비싸지만 잘할 것 같은 곳이나 싸고 잘할 것 같은 곳을 선택한다.

E 미용실에 디자이너가 6명 근무한다는 것은 영업을 잘하고 있다고 판단해야 한다. 요금 구조가 상위 메뉴로 업셀링이 쉽도록 만들었고 열파마 요금이 상대적으로 저렴하다.

보통 가격 책정 시 열파마 요금만 E와 같이 만들고 전체적인 요금은 F 미용실을 기준으로 해서 책정할 가능성이 높다.

이제 F 미용실을 살펴보자. 디자이너가 6명 근무한다는 것은 이곳 역시 영업력이 있는 곳이다.

요금 구조를 보면 원장의 노련함이 보인다. 경쟁력을 가진 열펌과 미끼 메뉴로 염색을 적정하게 활용해 디자이너가 6명을 운용하고 있다는 것은 상권에서 가격 정책이 먹힌다는 반증이다.

F의 열파마를 잘 분석해 당신과 비교해 판단해야 한다.

다음장에서는 이런 경쟁업체 가격 비교 후 메뉴판을 만드는 작업에 대해 알아보기로 하자.

주관적인 생각 빼기의 기술

—

"가격을 잘못 정한 것 같아요"

: 개략적 요금 결정의 가이드를 알아봤다.

미용실 경영을 하려면 가격에 대한 공부가 기술이나 제품보다 우선되어야 한다. 그렇지 않으면 값비싼 대가를 치르며 배워야 한다. 가격과 관련해 다양한 책들이 있는데 부담 없는 책 한 권은 꼭 읽어 보자.

가격을 결정할 때 많은 이론과 방법 중 흔히 놓치는 몇 가지만 짚어보면

_기본 메뉴와 상위 메뉴의 가격 차이가 너무 크다.

A	C
일반파마(39,000)	프리미엄파마(79,000)

A	B	C	D
일반파마	신규파마	프리미엄파마	신규 고급 세팅파마
(39,000)	(59,000)	(79,000)	(119,000)

A와 C만 있는 경우에는 두 메뉴의 가격 차이가 커 A를 C로 전환하기가 쉽지 않다. 이럴 경우 중간에 계단 역할을 해 줄 중간 메뉴(C)와 고급 메뉴(D)를 추가해주면 좋다.

_지극히 주관적인 생각으로 객관적 사실을 무시한다.

상위 브랜드나 경쟁력이 높은 곳보다 요금이 비싸다면 당연히 영업은 어려워진다. 대다수가 자신을 과대평가하며 요금을 결정한다. 객관적으로 브랜드, 인테리어, 직원 수에서 경쟁이 안되는데 주관적인 생각에 기술이 좋다고 판단해 비싸게 요금을 책정한다. 기술이 좋다는 것은 객관적 사실이라기보다 주관적인 경우가 대부분이다.

_고객의 준거 가격(적정 가격)을 찾아내는 노력을 하지 않는다.

고객이 생각하는 미용실이나 디자이너의 적정 요금을 알아낸다는 것은 매우 어렵다. 그래서 경쟁업체 요금이나 스스로 생각하는 가격보다 조금 저렴하게 시작하는 것이 안전하다. 고객이 많아지면 다양한 방법으로 요금을 올릴 수 있다. 하지만 가격 결정을 잘 못해 영업이 어려워지고 나면 아무것도 할 수가 없다.

동일한 물건이라도 사람마다 가치를 다르게 판단하는 경매에서 보면 일정 가격대에 사람들이 몰린다. 사람들이 몰리는 가격대가 일반적인 적정 가격이다.

PERM
제니스 건강모의 탄력있는 스타일 형성 및 유지력 강한 펌제입니다.
보나비또 손상모에 적합한 영양소들이 모발구조를 보수시키고 탄력과 부드러움을 동시에 잡아주어 자연스러운 스타일 연출이 가능한 펌제입니다.
템테이션 보습,탄력 및 윤기 강화가 탁월한 펌제입니다.
프레스티지 손상모에 적합한 최고 수준의 제품과 기술로만 그려내는 서비스를 경험하게 해드립니다.

	제니스	보나비또	템테이션	프레스티지
일반 펌	43 (다운펌 별도)	55	70	100
셋팅/디지털	53	65	75	120
매 직	64	77	90	140
볼륨매직	75	87	110	160
매직셋팅	85	99	119	210

COLOR
제니스 선명한 컬러감과 확실한 발색으로 건강한 모발에 추천해 드립니다.
보나비또&템테이션 세계적인 브랜드를 가장 합리적인 금액으로 만날수 있는 나눔의 핵심메뉴로 최고 인기를 자랑하며 모든분들께 추천해 드립니다.
프레스티지 최고수준의 제품과 기술로만 그려내는 서비스를 경험하게 될 것입니다.   CUT 별도

	제니스	보나비또	템테이션	프레스티지
염 색	43	65	90	100
탈 색	53	70	90	
메니큐어		70		

_팔려고 하는 메뉴에만 집중한다.

심리학에서 사람은 극단적인 선택을 피하려는 심리를 가지고 있다. 잘 모르는 것을 선택해야 할 때 양쪽 끝보다는 중간 것을 선택한다는 것이다. 미용실의 메뉴판을 보면 보통 한 메뉴에 한 가지 가격만 제시하고 길이에 따라 요금을 추가하는 경우가 많다.

위 메뉴판에서 동일 메뉴에서 제니스, 보나비또, 템테이션으로 구별한 것은 보나비또가 가장 수익성이 좋고, 주력하고자 하는 메뉴이기 때문에 가운데 있다.

_팔리지 않는다는 생각에 만들지도 않는다.

주유소를 가보면 고급 휘발유와 일반 휘발유가 있다. 기꺼이 고급 휘발유를 주유하는 사람에게 고급 휘발유가 없어 일반 휘발유를 주유하게 하는 것이 정직하고, 합리적인 경영이라 볼 수 없다. 미용실도 가격 차등화를 두고 있지만, 통상 길이에 따른 요금 차이 정도다.

프레스티지 메뉴가 그런 역할을 한다. 이 메뉴는 실제 영업적인 목적보다는 고객에게 고급 메뉴도 준비되어 있지만, 합리적 가격에 서비스를 제공한다는 이미지를 전달하기 위함이다. 그럼에도 한 달에 몇 명 정도는 이용하는 고객이 있다.

_요금을 비싸게 책정 후 할인으로 가격을 낮추면 된다고 생각한다.

공산품 같은 경우는 효과가 있지만 미용실은 기준 요금에 따라 고객의 기대치가 결정된다. 인테리어, 서비스, 기술, 제품, 등 할인 전 요금을 기준으로 적정한지 판단하는데 원장은 할인해 주고 실제 요금은 낮게 받았으니 문제없다고 생각할지 모르지만, 고객은 우롱당했다고 생각할 뿐이다.

_기본파마와 열파마의 요금차에 대한 근본적 고민이 없다.

열파마 요금이 높지 않은 것이 미용실의 부가가치 측면에서 좋다. 열파마가 비싸야 한다고 하는 사람들에게 이유를 물어보면 이렇게 말한다.

1) 제품 가격이 일반 펌제보다 비싸다.
2) 시간이 많이 걸린다.
3) 기계를 사용한다.
4) 높은 수준의 기술력이 필요하다.

제품 원가가 얼마나 차이가 있는지 계산해 보면 대략 3,000~5,000원 범위 안이다. 그런데 40,000~100,000원 차이는 설득력이 약하다. 소요 시간이 많이 걸린다는 것은 디자이너의 투입 시간이 많은 것이 아니다. 그런 논리라면 일반 파마가 가장 비싸야 한다. 일반파마는 프리커트, 앞머리와 옆 와인딩, 마무리 커트, 앞머리 드라이, 최종 마무리까지 디자이너가 직접 해야 한다. 반대로 세팅파마는 프리커트를 치고 난 후 바쁠 때는 마무리까지 다른 사람의 도움을 받아 진행할 수 있다.

열파마가 과도하게 비싸야 할 이유는 없는데 비싸게 받는 곳이 많다. 열파마를 비싸게 받으면 고객에게 크리닉을 권하기가 쉽지 않다. 차라리 열파마에 크리닉을 붙일 수 있는 가격대로 결정하는 것이 영업적으로는 훨씬 이익이다.

고객이 다른 사람을 만났을 때 그들은 머리를 보고 스타일과 손상도를 보며 평가하는데 아무래도 클리닉을 같이 한 경우에 좋은 평가를 받을 확률이 높다.

이렇듯 영업은 꼭 보이는 것에만 집중할 것이 아니라 보이지 않지만 더 크게 작용하는 것을 잡을 줄 알아야 한다.

- 가격표에 000을 사용한다.
  가격표의 000을 지우고 사용하는 것으로 체감적으로는 훨씬 저렴하게 느껴진다.

- 고객이 메뉴에 대해 알 수 있는 방법이 없다.
  고객에게 메뉴 이름과 가격만을 알려주지 말고 메뉴판에 상세한 설명과 더불어 시술 과정을 알려주는 것이 좋다. 대다수 미용실에서 디자이너가 구두로만 설명한다.

- 단품 할인 행사는 객단가를 떨어뜨리는 것이다.

처음 오픈해서 요금을 정할 때 패키지 메뉴는 필수다. 기존 미용실에서 가격 조정이 필요하면 패키지 메뉴나 선불권 메뉴를 통해 가격을 조정하는 걸 추천한다.

선불권과 패키지 메뉴 중에는 패키지가 효과성이 더 높다. 패키지가 활성화되면 선불권 영업도 자연스럽게 올라간다. 패키지 요금은 패스트푸드점의 세트 메뉴 가격 전략이다. 예를 들어 햄버거를 사기 위해 롯데리아에 갔다.

불고기 버거	3,900원
콜라	1,700원
감자튀김	1,500원
합계:	7,100원

세트메뉴는 불고기 버거 + 콜라 + 포테이토칩 가격이 5,900원이다. 세트메뉴를 이용하지 않고 햄버거만 사면 손해라는 생각에 보통은 세트메뉴를 구입하게 된다. 이때 발생된 매출 2,000원을 추가 매출로 볼지 정상 가격에서 1,200원 손해라고 생각할지는 원장의 판단이지만 단품의 객단가보다는 세트 메뉴의 객단가가 높은 것은 분명하다.

- 정기 세일은 단골손님의 객단가를 낮춘다.

백화점에서 365일 중 120일 정도를 세일을 한다. 그런데도 정상가를 지불하고 구입하는 사람들이 많다. 신상품의 가치를 더 높게 보는 것이다.

미용실에서 정기적으로 선불권 할인행사를 하는 경우 고정 고객은 행사 기간에 구매한 선불권으로 지속적 소비를 한다. 선불권 고객을 대상으로 객단가를 높이는 메뉴나 영업 전략이 잘 준비된 곳은 상관없지만, 그렇지 않은 곳은 모닝 파마와 같은 결과가 나오게 된다.

결국, 고정 고객의 객단가만 낮추는 결과가 된다.

메뉴별 비율과 객 수로 판단하자

"가격을 올리려면 어떻게 하지요"

● 처음 했던 미용실은 '기술이 좋다.' '머리를 잘한다.'보다 '친절하다.'라는 평가를 주로 받았다.

작은 동네 미용실이 잘하는 곳들보다 서비스가 좋으면 얼마나 좋고 친절해 봐야 얼마나 친절할 수 있었겠는가?

지금 운영하는 브랜드 미용실에서도 하지 않는 서비스를 그때는 참 열심히 했었다.

그런 노력으로 급격하게 고객이 늘었지만 대다수 남자 고객이었다. 그렇다 보니 상대적으로 여자 고객을 받는데 어려움이 생겼다. 주말에 1시간 기다리는 남자 고객들이 많아지면서 여성 고객이 발길을 돌렸다.

미용실 매출 구성은 시소와 같다. 한쪽이 높아지면 한쪽이 줄어든다. 남자 고객이 많으면 여성 고객이 줄어들게 된다. 큰 고민 없이 남자 커트비를 10% 정도 인상했고 남자 고객 수는 1100~1200명에서 800~900명으로 줄고 그만큼 여성 고객이 채워졌다.

인상한 요금 일부는 인턴 서비스 수당으로 사용해 서비스 질이 떨어지지 않도록 하고 여성 고객 수가 400명을 넘었을 때 파마 요금도 10~15% 정도 인상했다.

가격 인상을 할 때는 처음 요금에서 최대 20%를 넘지 않게 조정하는 것이 좋다. 이 범위를 넘으면 가격 저항이 커지고 부작용이 생길 수 있다.

당신이 가격 인상을 한다면 고객이 '그래서 올랐구나' '그런 거면 올릴 수 있지'라고 이해할 수 있는 명분을 만들어야 한다.

브랜드나 인테리어의 변화는 눈에 확연히 구분되어 문제가 없지만 제품이 바뀌었다면 무엇이 어떻게 바뀌어 요금 인상이 되었는지 고객이 납득할 수 있게 해 주어야 한다.

요금 인상을 위해 추가 서비스를 만들려고 고민하고 있다면 반드시 4가지를 생각해 결정해야 한다.

- 시간, 공간, 비용, 인력

서비스를 결정할 때는 주말 바쁜 시간을 떠올리며 그때도 가능한 서비스인지를 생각하고 결정해야 한다. 평일에만 서비스할 생각이라면 고객이 그것을 명확하게 인지할 수 있게 해 주어야 한다. 그렇지 않으면 오해가 생겨 오히려 안 하느니만 못한 결과가 된다.

오픈 때는 상관이 없지만, 기존 미용실에서 서비스를 추가할 때 직원들이 협조적이지 않을 수 있다. 그럴 때는 3개월 정도 인센티브 제도를 운영하도록 하자.

어떤 서비스나 시스템도 대체로 3개월만 꾸준히 하면 정착될 수 있다.

빚인가 능력인가?

"선불권 하고는 싶은데 고민이 많네요?"

정액권, 횟수권, 회원권 등 다양한 이름으로 불리는 선불권은 고객이 요금을 선지급하고 시술 후 차감하는 것을 말한다. 호불호가 갈리는 영업 방식이지만 잘하는 곳은 반드시 필요한 영업 전략이 되었다.

선불권을 긍정적으로 보는 사람은 고객 이탈 방지, 방문 주기 단축, 신규 고객 재방문율과 객단가 상승을 효과로 본다. 반대인 경우 매출 불안정, 도급계약 해지 시 정산 문제, 고정 고객에 대한 객단가 하락, 누적 잔액에 대한 부담 등을 단점으로 본다.
어느 것이 정답이라 말하기 어렵지만, 대체적으로 선불권 영업은 필요하다. 선불권이 고정 고객 객단가를 낮춘다는 것은 신규 고객보다 3회 이상 방문한 고정 고객의 객단가가 약 20% 높게 나오는 데이터를 볼 때 설득력이 약하다.

방문 횟수와 1년간 사용액을 비교해 봐도 선불권 고객이 단품 시술 고객보다 월등히 높다. 선불권을 끊지 않는다고 말하지만, 사실은 끊을 능력이 안 되는 경우가 많은데 고객은 신뢰가 없으면 선불권을 구매하지 않는다. 선불권은 미용실과 디자이너에 대한 신뢰와 만족도를 나타낸다. 선불권 고객 유지는 끊임없이 새로운 메뉴와 스타일 개발, 진심을 다한 고객 관리가 함께 이루어져야 한다.

다만 전체 매출에서 선불권이 차지하는 비율은 관리가 필요하다. 선불권 매출이 70~80%에 이르는 매장도 있는데 매출은 높지만 선불권 잔액으로 인한 문제에 취약할 수밖에 없다.

선불권 매출이 50%를 넘지 않게 관리가 되면 적정하다.

전국의 많은 매장을 관리하다 보니 다양한 선불권 영업 방식과 개념을 접하게 되는데 그중 반드시 알아야 할 것이 있어 실제 사례로 함께 공유하고자 한다.

한 곳은 신규 고객 50%, 고정 고객 70% 이상이 선불권을 구매하거나 구매한 경험이 있는 고객들로 월 매출 평균 1억 원 이상을 하는곳이다.

다른 한 곳은 선불권이 전체 매출에서 20% 미만으로 월 매출 3,500~4000만 원 정도였다. 두 곳이 비슷한 기간 영업을 했고 불가피하게 비슷한 시기에 미용실을 정리하게 되었다.

선불권 영업이 적극적이었던 매장은 폐점 시점에 선불권 잔액이 5억이고 후자는 잔액이 1억 정도였다.

어느 곳이 심각한 어려움에 처해졌을까? 결론부터 말하면 선불권 잔액이 적은 곳이었다. 전자는 10년간 월 매출 1억이 넘는 매장을 10개점 이상 늘리며 영업력과 조직력이 급성장했다. 선불권이 높다는 것은 단순히 한두 명의 영업력이 아니라 시스템이 뒷받침돼야 한다.

이런 경쟁력을 가진 곳은 선불권 잔액 정산에 문제가 없었다. 더구나 폐점 인접 지역 다른 매장으로 디자이너를 이동시켜 많은 고객을 유지할 수 있었다.

하지만 선불권 영업에 소극적이었던 후자는 지속적 수익률 하락으로 성장도 못했고, 매장을 정리하면 다른 곳으로 이전해야 하는데 들어가는 비용 1억 5천만 원과 선불권 잔액 처리 1억 폐점 전 일정 기간 영업손실까지 고려해 보면 거의 3억에 가까운 금전적 손실을 책임져야 했다.

이런 곳에서 3억은 감당하기 어려운 금액이었다. 더구나 영업 노하우도 적어 새로 시작해도 된다는 확신이 없어 결국 미용을 그만두게 되었다.

선불권은 디자이너들의 수입과 소속감을 높이는 선순환을 만든다.

선불권 잔존액이 부담돼서 안 하는 것이라면 위 사례를 한번 생각해 볼 필요가 있다.

꼭 폐점이 아니라도 선불권을 끊지 않으며 미용실을 확장시켜 나간다면 새로 오픈하는 곳은 어떤 경쟁력으로 자리 잡을 것인가?

선불권 영업은 이제 선택이 아니라 필수가 되었다.

지급의 정석

—

"선불제 후불제 뭐가 좋아요?"

● 선불권은 일반적 선지급이 효과가 높다. 다만 디자이너가 계약 해지 시 이미 받은 수수료를 반환하는 것이 부담스러워 퇴직금을 요구하는 것이 가장 큰 문제다.

최근에는 디자이너 근무 형태를 잘 정리해 운영하고 있지만 아직 소규모 미용실은 노무에 대한 지식이 부족한 곳이 많다. 완벽한 해결책은 아니지만 그래도 부담을 줄일 수 있는 방법을 살펴보자.

첫째, 적립식이다. 선불권 잔존액은 평균 매출에 따라 증가하지만 계속 증가하지는 않는다. 디자이너 매출도 상승하다가 일정 매출이 유지되는 것과 같다. 디자이너 수수료에서 3~5% 정도를 매달 적립시켜 나가면 일정 기간이 지나 적립금이 디자이너가 책임져야 할 금액만큼 모인다. 이때 적립을 멈추는 곳도 있는데 그러면 나중에 여러 가지 작은 문제가 생길 수 있다.

적립금 제도를 유지하면서 3개월에 한 번씩 선불권 잔존액과 적립 금액을 계산해 디자이너가 책임져야 할 금액보다 적립금이 많아지면 디자이너에게 차액을 지급해 주고. 반대로 부족할 경우에는 계속 적립해 가는 것이 좋다. 이 제도는 디자이너도 계약해지 시 선불권 잔액을 책임져야 하는 부담에서 자유롭고 원장 역시 위험을 낮추는 효과가 있다.

둘째, 소진액에 대한 지급 방식이다. 선불권 소진한 금액을 매출로 잡아 인센티브를 지급해 주는 것이다. 디자이너가 나가는 마지막 날까지 선불권을 끊더라도 선불권 잔액에 대해서 책임질 필요는 없다. 선불권 제도 중에는 가장 영업 효과가 낮다.

셋째, 선불권을 끊을 때와 소진했을 때로 나누어 50%씩 수수료를 지급해 주는 방식이다. 초기에는 끊을 때 인센티브를 높여 적극적 시도할 수 있게 유도하고 어느 정도 디자이너가 선불권 영업을 잘한다고 판단되면 소진에 대한 인센티브 율을 높여 디자이너들이 소진에 대한 부담이 생기는 않게 운영하면 효과적이다.

다만 이 방식도 적립금과 같이 병행해야 리스크를 낮출 수 있다. 그 외에도 다양한 방식이 있지만, 선불권을 시작할 때 디자이너의 성향을 고려해 매장 상황에 맞게 실행하는 것이 중요하다.

그럼 디자이너 인센티브에 대해 알아보자.
'인센티브 얼마나 줘요?' 또는 '인센티브 어떻게 할까요?'라는 질문은 올바른 질문이 아니다. 미용실마다 환경이 천차만별이기 때문이다.

유명 미용실이나 백화점 미용실은 인센티브가 다소 작아도 객단가와 근무 여건이 좋기 때문에 디자이너들이 근무한다. 반대로 신도시나 외곽 지역 등 교통이 불편한 살롱은 인센티브를 많이 주어도 디자이너 구인이 어렵다. 디자이너들이 생각하는 가치가 다르기 때문이다. 인센티브 정책은 가격 정책만큼 중요하다. 인센티브를 판단할 때는 반드시 휴일, 근무시간, 복리후생, 세금 처리 방법(카드 수수료, 부가세 등), 인턴 배정비율, 미용실 인지도 식사 제공 여부, 기숙사, 고객 수, 객단가, 교육 시스템 등 복합적인 사안을 종합하여 판단해야 한다. 일반적인 방법 외 영업적인 인센티브와 고려 사항에 대해 살펴보자.

먼저 신규 고객과 재방, 소개 고객의 인센티브를 다르게 지급하는 방법이다.
신규는 디자이너의 노력과 크게 상관이 없기 때문에 인센티브를 조금 낮게 책정하고 재방, 소개 고객은 높게 책정해 준다.

이 방식은 현재 30% 정도 인센티브를 주고 있다면 신규 고객은 25%, 고정 고객은 33% 정도 책정하면 된다.

고정 고객 인센티브를 35%까지 높이지 않는 것은 시간이 지나면 대부분의 디자이너가 고정 고객 위주가 될 수밖에 없는데 그때 미용실 전체 인건비가 너무 올라가기 때문이다. 또 신규 디자이너가 정착지원금을 받는 기간에는 인센티브율을 높여 인센티브를 넘기기 위해 노력하도록 구조를 만든다. 보통 정착지원금을 받는 동안 열정을 다해 매출을 올리거나 고객을 잡으려고 하지 않는다.

정착지원금 230만 원을 해준다면 이것과 병행해 3개월간 인센티브가 40%~50%로 책정해 둘 중 높은 금액을 지급해 주겠다고 하면 아무래도 조금 더 열정적으로 일한다.

그 밖에 잘 챙겨야 하는 것은

- 카드매출에 대한 수수료와 매출에 대한 부가세를 반드시 적용시켜야 한다.
- 디자이너를 자유 직업 소득 업자 처리하여 3.3%(소득세+주민세)를 공제하고, 계약서를 반드시 작성하도록 한다.
- 인센티브 설계를 할 때는 100만 원 단위로 1%정도 인센티브가 높아지는 방식으로 설계한다. 다만 인턴이 있다면 최고 인센티브가 35%를 넘지 않아야 수익을 맞출 수 있고, 인턴이 없다면 45%를 넘지 않는 것이 적정하다.

- 인센티브라고 해서 디자이너에게 전적으로 맡겨 두면 흐름이 깨지거나 여러 가지 문제가 생길 수 있다. 그래서 디자이너가 월 매출 목표를 달성하면 1% 축하 인센티브를 받게 해 동기 부여를 해주는 것이 좋다. 그러려면 사전에 1%정도의 여유를 두고 설계해야 한다.

- 인턴이 없는 디자이너나 인턴을 쓰는 디자이너의 인센티브율은 형평성에 맞게 조절해 주어야 한다.

안 하는 걸 하고 못 하는 걸 잘해야 한다

"선불권 하고 싶어도 디자이너가 싫어해요"

선불권을 시작하는 곳에서 처음 맞닥뜨리는 어려움은 디자이너들이 가지고 있는 부정적인 생각을 바꾸는 것이다. 고정 고객 객단가를 낮추고 빚 같아 싫다거나 이번 달에 많이 끊으면 다음 달은 매출이 떨어지니 똑같다는 이유다. 이럴 때 원장이 논리적으로 설명해 주지 못하면 한 발자국도 나갈 수가 없다. 그럼 어떻게 설명하는 것이 좋을까?

첫 번째, 오래 근무하고 신규를 받지 않는 디자이너가 단골 객단가만 낮아진다며 부정적인 태도를 보일 경우 선불권을 끊은 고객과 끊지 않은 고객의 방문 횟수와 1년간 사용 총액, 1회 시술 객단가와 소개 고객 수를 비교해 주면 된다.

두 번째, 빚을 만들고 싶지 않다. 디자이너에게 이렇게 질문해 보자. "그만둘 생각인가?" 그렇지 않다고 하면 그만둘 생각이 들면 소진율을 높이면 된다고 설명하고 월 1,000만 원 디자이너라면 3년 동안 선불권을 끊어서 월 2000만 원씩 매출을 올렸을 때의 수입과 비교해 주며 막연한 두려움이 현실적 이익을 포기하는 것임을 깨닫게 해주자. 이것도 어렵다면 일단 선불권을 끊어 매장 매출로 잡는 방식을 채택하자. 그렇게 매출이 1,000만 원을 넘으면 인턴을 쓸 수 있게 해 주고 그렇지 않으면 인턴을 사용하지 못하게 하면 매장 선불권으로라도 매출을 유지시키려고 한다.

세 번째, 선불권을 끊으면 다음 달 매출은 떨어진다. 결과적으로 마찬가지라고 한다면 선불권을 통해 매출이 올랐을 경우는 통상 지급받는 인센티브가 작게는 1% 많게는 5%까지도 높다. 또한 선불권을 끊은 고객은 휴면 고객이 되는 경우가 낮다는 것을 데이터로 보여주자. 무엇보다 선불권이 중요한 이유는 만족하지 않은 고객이 한번 정도는 A/S를 통해 수정할 기회를 주지만 단품 고객들은 냉정하게 발길을 돌린다.

디자이너, 인턴과 데이터 없이 상담하는 것은 해결책을 찾을 생각이 없다는 것과 같다. 진심으로 해결책을 찾고자 한다면 대화 전에 객관적 사실과 뒷받침할 데이터를 준비해야 원하는 방향의 결론을 낼 수 있다. 자기의 경험적 말로는 끝없이 같은 말만 되풀이하게 될 것이다. 경험을 통해 만들어진 가치관과 신념을 바꾸는 것은 객관적인 데이터로도 어려운데 그것조차 준비되어 있지 않다면 설득은 너무 힘들어진다. 혹시 데이터 확인 방법을 모르겠다면 고객관리 프로그램 담당에게 문의하면 상세히 알려줄 테니 걱정하지 말자.

하지만 꼭 기억해야 하는 것은 어떤 변화를 추진하더라도 직원들의 마음에서 우러나는 동의를 먼저 얻어야 한다. 당신이 똑똑해 계산적으로 다가가면 상대도 놀라운 계산 능력을 발휘하며 다가오게 될 것이다.

순서와 생각을 바꾸면 새로운 상식이 된다

"선불권 영업 어떻게 하면 잘할 수 있을까요?"

선불권 영업을 잘하는 매장의 사례를 통해 그동안 습관적으로만 해왔던 영업의 문제점을 알아보고 대안을 찾아보자.

M미용실은 월 매출 2,000~3,000만 원 나오는 미용실을 인수해도 1년 안에는 월 매출 1억 이상하는 미용실로 만든다. 일반적인 미용실은 X라고 부르기로 하자.

X에서는 선불권을 빚으로 생각하고 부담스러워한다.

"어차피 다 오던 고객들인데…."

"선불권을 끊을 만한 고객도 없어요."

라며 부정적으로 생각한다. 예약 고객 영업 계획은 세우지 않고 기존 선불권 연장 정도가 계획에 전부다. 고객이 입점하면 대기석이나 시술석에서 스타일 상담을 하며 선불권 영업을 하는데 선불권 종류는 4가지 금액권으로 만들어져 있다. 고객에게는 다양한 프로모션을 하지만 디자이너에게 별도 프로모션은 하지 않는다.

M의 경우를 살펴보자. 선불권은 고객을 다른 곳에 뺏기지 않기 위한 생존 방법이며 성장을 위한 동력이라고 믿고 방문 예정 고객을 위해 권유할 스타일과 영업 전략을 미리 준비해 둔다. 선불권 영업은 말발이 아니라 고객에게 얼마나 신뢰를 주었고, 만족시켰는지 확인하는 지표로 생각한다.

M은 낯설고 아직 신뢰가 없는 첫 방문 고객에게 선불권 영업보다는 차별성을 경험하게 해 주기 위해 노력하고 고객이 진정성을 느낄 때 선불권 영업을 한다. M은 디자이너가 스타일 상담을 할 때 가격과 선불권에 대해서는 가볍게 안내 정도만을 한다.

상담을 마치면 본격적 미용실의 차별성과 시스템을 경험하게 하는데 '그동안 다녔던 곳들과는 다르네. 앞으로 여기로 다녀 볼까?'라는 마음을 가지도록 한 후 본격적인 선불권 영업을 시작하는 것이다.

또 고객이 시술 받는 동안 최소 3회 이상 선불권 영업을 할 수 있는 기회가 준비되어 있기 때문에 각 단계에서 무리하게 영업하지 않는다. 이것 역시 정보를 자주 접하게 만들어 거부감을 줄여주는 단순 노출 효과다. 특이한 것은 첫 방문 체험권과 30만 원, 60만 원 두 종류의 선불권 제도만을 운영한다. 과거 옴므권,

염색 횟수권. 클리닉 권. 뿌리 염색권 등 다양한 제도를 운용했지만 현재는 30만 원 60만 원권 2가지만 운영하고 있다. 이렇게 하는 데는 4가지 이유가 있다.

첫째, 철저히 순이익에 집중하는 것이다. 30만 원권보다 100만 원을 구매하는 고객에게 2배 이상의 혜택을 주어야 하고, 일반적 디자이너 매출이 높아지면 인센티브도 높아져 순이익이 낮아질 수밖에 없다.

둘째, 고액권은 소진 기간이 길어지고 잔존액이 높아지는 단점이 있어 고정 고객을 잡아두기 위해 선불권 영업을 하는 것이라면 굳이 고액 선불권을 운용할 필요성이 적다.

셋째, 30만 원권은 고객 재구매율을 통해 고객 만족도를 빠르게 체크해 볼 수 있다. 고액권은 극단적 불만이 아니면 환불 했을 때 고객이 손실이 크기 때문에 잔액을 다 쓸 때까지만 계속 다니는 경우가 있다. 빨리 소진시키려고 가족을 데려오면 만족하는 고객으로 생각하며 착각에 빠지는 경우도 있다.

넷째는 단순화 시킴으로 고객이 선택을 할 때 갈등을 줄여 빠른 결정을 할 수 있도록 만들 수 있다.

매출이 낮아 당장 매출을 높이는 게 우선인 곳은 고액권을 운영해 디자이너도 적당한 수익을 가져가게 해 주고 원장도 수익을 가져갈 수 있게 해야 한다.

4

시스템 해부

선불권 이노베이션

"선불권 영업 구체적으로 알고 싶어요?"

● M의 직원들은 선불권 영업은 고객에게 유익한 정보를 알려주는 서비스라고 생각한다. 자신들의 기술과 서비스가 정상가에도 충분한 가치가 있는데 할인까지 해주는 선불권을 구매하지 않는 것을 고객이 손해 보는 것이라 믿는다. 이런 신념은 그들이 미용실에 가지고 있는 자긍심과 자신감도 녹아 있는 것이다.

M의 또 하나의 놀라운 점은 아침에 출근을 하면 당일 방문 예정 고객의 이름과 시술 내역, 특이 사항에 대해 메모를 통해 확인하고 제안할 스타일도 미리 준비한다. 사전 준비한 내용을 바탕으로 선불권 영업 시나리오를 준비하고 고객을 맞이하니 당연히 결과가 다를 수밖에 없다.

무엇보다 가장 큰 차이점은 3회 이상의 영업 프로세스가 준비되어 있는 점이다.

1차 영업: M 미용실 디자이너는 상담할 때 스타일과 모발 관련 중심으로 상담한다. 선불권은 가볍게 설명하는데 '그동안 다른 곳에서 옵션과 선불권 강매에 시달리셨죠. 저희는 그렇게 하지 않으니 걱정하지 마세요.'라고 디자이너는 고객에게 장사꾼이 아닌 전문가로서 신뢰를 얻기 위해 최선을 다한다. 치과나 피부과에서 금전적인 이야기는 상담실장이 하고 의사는 철저히 진료만을 담당하는 것을 떠올리면 된다.

디자이너가 상담을 마치면 본격적인 팀 플레이가 시작된다. 일회용 가운, 프리 샴푸, 고급 음료, 친절함 등을 경험하게 만들고 심지어는 샴푸대에서 인턴이 고객에게 할 말까지 사전에 준비해 두기도 한다. 이렇게 상담을 마치고 나서 파마 고객은 와인딩이 끝날 때, 염색 고객은 도포가 마무리될 때까지 긍정적 이미지를 가지게 만드는데 온 집중을 다한다. 본격적 영업을 하기 위한 기초 작업인 것이다.

그동안 우리가 선불권 영업이 어려웠던 이유는 맞선을 보는데 자리에 앉자마자 자기소개를 하고 5분도 안 되어 결혼하자고 말하는 것처럼 영업을 해 왔으니 거절당하는 게 당연했던 것이다.

2차 영업: M 미용실은 염색, 파마 고객을 시술하고 중간 방치 시간에 본격적인 영업을 시작한다. 먼저 상담을 하는 사람이나 받는 사람 모두 눈높이를 맞추고 편안한 자세로 대화를 나누기 위해서 중화 대기석으로 고객을 옮기는 것이다. 고객이 자리를 옮기면 영업자는 2장의 빌지를 가지고 고객에게 간다. 한 장은 정상 금액 용지이고 다른 한 장은 첫 방문 체험권이나 30만 원 선불권 할인이 적용된 금액이 인쇄된 용지이다. 여기서부터 영업이 시작된다.

> **영업자**: 고객님 오늘 시술받으신 내역 확인해 드리겠습니다. 염색과 클리닉 시술받으시는 것 맞으시죠?
> **고객**: 예 맞아요.
> **영업자**: (정상가 출력 빌지를 보여주며)염색은 80,000원이고 클리닉은 70,000원으로 시술한 금액은 총 150,000원인데 맞으시죠?
> **고객**: 예 맞아요.
> **영업자**: (할인이 적용된 빌지를 보여주며)그런데 고객님 저희 매장에 할인받으실 수 있는 제도가 있어 잠깐 안내해 드리려고 하는데 괜찮으실까요?

대다수는 미용실에 있으며 영업적인 자세가 없었기 때문에 거부감 없이 수락하게 된다.

> **영업자**: 예 감사합니다. 오늘 이용하신 금액은 말씀드

린 대로 150,000원인데요. 선불권 300,000원짜리를 구입하셨을 경우 보시는 것처럼 40% 할인 받으시면 총 60,000원 할인을 받으실 수 있는데요 그럼 오늘 시술 금액은 90,000원이고요, 총 190,000원 결제하시면 돼요. 혜택이 너무 좋은데 한번 생각해 보시겠어요(할인 혜택이 적용된 빌지를 고객에게 보여준다)?

고객: 예 한번 생각해 볼게요.

영업자는 고객이 선불권 구매를 선택하지 않았다면 마지막 출구 전략 멘트는 '고객님 좋은 혜택이니까 나가실 때까지 부담 없이 한번 생각해 보세요.'라고 웃으며 말하고 마무리한다.

이것이 2회 차 영업이다.

빌지 2장을 통한 영업은 고객에게 자신이 얻는 이익을 시각적으로 보여주며 구매 의욕을 높이는 것이다. 영업자가 자연스럽게 접근하는 방법은 패밀리 레스토랑의 종업원이 주문을 받고 나면 주문을 확인시켜 주는 것을 생각하면 된다. 영업자의 영업 멘트는 고객이 볼 때 영업이라고 생각하기보다 서비스로 받아들인다.

기존 미용실의 영업은 시술 전에 이루어지기 때문에 디자이너가 선불권 영업을 적극적으로 했는데 고객이 구입을 안 했다면 고객은 시술받는 내내 불편한 마음을 가지게 된다. M 미용실은 1차 시술이 끝난 후 영업이 들어가기 때문에 상대적으로 고객이 불편한 마음을 갖지 않고 받아들인다. 첫 방문 체험권이나 고정 고객 대상 선불권 멘트는 여건에 맞게 하면 된다.

3차 영업: 마지막은 선불권을 구매하지 않았거나, 구매한 고객에게는 더 높은 고액 선불권 영업을 한 번 더 진행한다. 구매 결정을 못한 고객이나 30만 원권을 구매한 고객은 카운터에서 마지막 추가 영업을 한다.

관리자나 원장도 마지막 선불권 영업을 위해 시술받는 동안 고객과 친밀감을 만들어 간다.

마지막 계산을 할 때 계산을 하는 사람(원장, 관리자, 매니저)이 최종 영업을 할 수 있도록 담당 디자이너는 계산 중인 고객 옆에 서 있는 것이 아니라 출입문 밖이나 계산대에서 멀리 떨어진 곳에서 고객 배웅 준비하며 대기한다.

이것 역시 일반 미용실과 크게 다른 점이다. 일반 미용실은 담당 디자이너가 카운터에서 고객이 계산하는 동안 옆에 서서 계속 대화를 나누지만, M은 그렇게 하지 않는 것이다. 계산대에서 마지막 영업을 할 수 있도록 디자이너는 빠져 있는 것이다.

병원에서 상담실장이 금액 상담을 하고 있는데 의사가 옆에 서서 상담 내용을 듣고 있다면 어색한 분위기가 될 것이다. 디자이너는 카운터에서 마지막 영업과 계산을 마친 고객을 문밖까지 함께 나가서 배웅하는 것으로 마무리 짓는다.

　이 프로세스는 혹시 인턴이 없거나 매니저가 없다면 각자 역할만 분배하면 된다. 중소형 살롱은 팀제와 선불권 영업을 연계시킨다면 좋은 결과를 가져올 수 있을 것이다.

　1인 살롱의 경우는 선불권과 관련된 영업을 분업할 수 없으니 차별적 서비스를 만들고 중화 때나 염색 방치 시간에 영업을 한다고 생각하고 실행하면 된다.

청산은 움직이지 않아도 흰 구름이 모여든다

"직원 구인을 잘하려면 어떻게 해야 하나요"

직원 구인이 어렵다며 구인 비법을 물어 오는 사람들이 있다. 구인에 왕도는 없다. 비법은 아니고 참고하면 좋을 몇 가지 요령에 대해서 말해보면 구인을 했는데 연락 한 통 안 온다고 하는 경우는 대다수 1~2개 사이트에만 유료 광고를 올려놓고 무작정 기다리는 경우다. 물론 구인 내용에 경쟁력이 떨어지는 경우도 있다. 먼저 구인이 필요할 때는 15일 정도 전투적인 자세로 구인을 해야 한다. 입장 바꿔 조건도 나쁘지 않은데 한 달 이상 계속 구인 광고가 올라와 있다면 당신은 어떻게 생각하겠는가? 구직하는 입장에서 의심이 갈 수밖에 없다.

그래서 구인은 단기간에 끝내야 한다. 15일 정도 집중해 광고하고 그래도 안되면 일단 7일 정도는 광고를 쉬는 것도 좋다.

구인을 할 때는 구인 사이트를 고르지 말고 모든 구인 사이트에 광고를 해야 한다. 사이트 중에는 일정 시간이 지나면 자동 점프를 해 주는 곳도 있고, 계속 순서를 바꾸어 주는 곳도 있는데 그런 곳은 가능하면 구인 광고가 상위에 노출되는 시간이 디자이너들이 구인 광고를 보는 평일 오전 10시에서 12시 사이와 저녁 8시~10시가 효과적이었다.

제목도 수시로 수정해 주는 것이 좋다. 구직하는 사람들은 며칠에서 한 달까지도 구인 사이트를 보는데 계속 똑같은 제목의 광고가 올라와 있다면 왠지 꺼려진다. 제목 정도는 수시로 바꾸어 주는 것이 좋다.

구인 광고에 굳이 가족 같은 분위기, 호텔급 식사, 자유로운 분위기 이런 말들은 넣지 말자. 구인 제목에 가족 같은 분위기를 넣어 두면 왠지 동네 미용실처럼 느껴진다. 간혹 자기가 정말 가족이라고 생각하고 모든 것을 다 이해해 주길 바라며 오는 사람도 있는데 정말 피곤해진다.

디자이너, 인턴 모집 이런 식의 제목보다는 디자이너 1명 추가 모집 같은 문구로 구인을 하는 것이 체계적인 곳이라는 느낌을 준다.

채용 조건이 일반적인 상식 범위를 벗어나면 오히려 연락이 안 오고 연락이 와도 상식적이지 않은 사람들인 경우가 많다. 예를 들어 디자이너 정착지원금 300만 원+@라고 구인을 올리면 일반 디자이너들은 이것저것 다 공제한다고 생각하지 그 금액을 다 줄 거라고 생각하는 사람은 드물다. 이런 광고를 보고 면접을 보러 오는 디자이너는 자신의 실력을 자만하던지 아무 생각이 없든지 둘 중에 하나다. 상황이 급하다고 높은 정착지원금이나 인센티브를 주게 되면 디자이너는 2~3개월만 지나도 자신은 그 금액을 받는 게 당연하다고 생각하는 반면 원장은 디자이너가 잘하면 별문제 없지만 그렇지 못할 경우 서로 간의 거리가 생긴다.

매장의 일반적인 조건은 서울로 따지면 구 단위 정도에서 구인 사이트를 조사해 10등 정도의 조건 정도만 맞추면 적당한 것 같다. 높은 수준의 조건을 제시하는 미용실처럼 운영하려면 많은 경험과 노련함이 있어야 한다.

직원 관리에서 중요하지만, 잘하지 않는 것이 면접을 보고 간 사람들을 관리하는 것이다. 면접을 보고 상황이나 조건이 맞지 않아 채용을 못한 직원이라도 잘 관리해 나중에 직원이 필요할 때 단체 문자만 보내도 연락이 오는 경우가 많다. 면접을 보았던 관계이기 때문에 원장 입장에서는 시간도 절약할 수 있다.

마지막으로 직원이 면접만 오면 모든 것이 다 해결되는 것은 아니다. 그동안 면접 본 사람 중 몇 명이나 출근하고 근속했는가? 출근했다 하더라도 당신이 원했던 모습의 직원들이 얼마나 되는가? 인력 문제의 핵심은 구인이 아니라 좋은 직원이 근무하고 싶고 계속 일하고 싶은 환경을 만드는 것인데 그것은 꼭 돈이나 조건만으로 되는 것은 아니다.

시스템 해부

—

"시스템은 무슨, 직원도 없는데"

● 중소형 미용실에서 가족 같은 분위기, 마음 편히 일할 수 있다는 것을 강조하는 것은 내세울 것이 없다는 말이기도 하다. 그런 것들은 잘 운영되는 시스템에 윤활유 같은 역할이지만 윤활유로 차를 움직일 수는 없다. 1인 미용실을 제외하고 직원 문제는 가장 어려운 문제 중 하나다. 좋은 직원 관리 시스템이란 좋은 직원을 채용해서 오래 근무하게 만드는 것이다. 좋은 직원을 잘 정착시키기 위해서는 형평성 있는 규정이 반드시 필요하다.

형평성 있는 규정은 직원 관리 시스템의 핵심인 신뢰(信賴) 관계를 만드는 역할을 한다.

규정이 없거나 있더라도 지켜지지 않는 곳은 신뢰관계가 형성되지 못하고 조직이 불안정해진다.

직원들은 자신의 욕구와 목표를 이루게 도와주는 곳에서 일하고 싶어하지만, 개인의 욕구는 나이, 성별, 가치관, 처한 환경에 따라 모두 다르다. 미용실에서 각자 다른 직원들의 요구를 맞춰 주려고 하면 미용실은 제대로 운영될 수가 없다.

하지만 최대한 형평성 있는 규정을 통해 이들의 니즈를 맞추어 주기 위해 노력하다 보면 원장과 직원, 직원과 직원 간에 쓸데 없는 감정 소모를 하지 않게 된다.

그럼 형평성 있는 직원 관리 시스템을 만들 때는 무엇을 어떻게 고려해야 하는지 알아보자.

첫째, 주변 경쟁 살롱과 미용 시장에 대한 충분한 조사를 한다.
서울과 지방의 차이는 있지만 직원들은 대다수 집과 1시간 이내에 위치한 미용실에서 일한다. 직원들은 자신의 출퇴근 범위 내에 있는 다른 곳의 근무 조건을 잘 알고 있다. 당신 미용실에 근무 여건이 경쟁력이 없다면 계속 직원 문제로 힘들 수밖에 없다. 주변에 좋은 직원들이 장기근속하는 미용실이 있을 것이다. 먼저 구인 사이트나 여러 경로를 통해 그곳들의 근무조건들을 상세하게 조사해 보자.

둘째, 직원과 대화를 통해 함께 만들어 가야 한다.
경쟁업체와 당신 미용실의 조건을 비교해서 표를 만들어 보

자. 어떤 장단점이 있는지 한눈에 보일 것이다. 다음은 직원들과 대화를 해보자.

1) 지금 가장 절실하게 필요한 것이 무엇인지
2) 우리 매장에 어떤 제도가 만들어지면 좋을 것 같은지
3) 현재 어떤 규칙이나 제도가 가장 힘든지

직원들과의 대화를 통해 나온 내용을 토대로 뼈대를 만들어 간다. 최고의 시스템을 만들어도 직원이 동참해 주지 않으면 무용지물이 되기 때문이다. 다만 직원과의 대화에서 빠지기 쉬운 함정이 있는데 보통 불만이나 건의사항을 말하라고 하면 대체로 불만이 없다고 말하는 경우가 많은데 그때 원장은 직원들 만족도가 보통 이상은 된다고 착각한다. 또 많이 실수하는 것이 불만을 많이 이야기하는 직원들을 집중적으로 관리하고, 그렇지 않은 직원에게 소홀히 하는 경우가 많은데 그러면 불만이 많은 직원은 어느 정도 불만이 해소되지만, 기여도는 높지만 불만을 말하지 않은 직원의 만족도는 상대적으로 하락하게 된다.

셋째, 시기와 환경에 따라 달라지는 요구를 다양하게 반영할 수 있는 제도를 만들어야 한다.
경쟁업체의 조건을 분석해 보고 기본적인 가이드라인이 잡히면 직원과의 대화를 통해 희망 조건을 듣게 된다. 희망 조건이란 직원들이 원하는 이상적 내용들을 말하는데 이것을 얼마나 서

로가 윈윈 할 수 있는 제도로 만드냐가 중요하다.

보통 직원들이 변경하거나 새로 만들어 주었으면 하는 희망 조건은 대체로 근무시간, 휴일, 급여, 교육 중에 하나인 경우가 많은데 이것은 각자의 시기와 처해진 환경에 따라 바뀐다.

어떤 디자이너가 면접 때 일요일 휴무만 주면 다른 것은 크게 상관없다고 해서 채용을 했다. 시간이 흘러 결혼을 앞두고 돈을 벌어야 하는 시기가 되면 일요일보다는 급여가 중요해진다. 그러다 아이가 생기면 급여나 일요일 휴무보다도 시간 단축이 더 필요할 수도 있다. 이렇게 시기에 따라 중요하게 생각하는 것이 달라질 수 있는데 면접 때 일요일 휴무만 맞춰 주면 된다고 했으면서 이제 와서 다른 말을 한다고 하면 직원 관리가 어려워질 수밖에 없다.

직원의 니즈는 시기와 환경에 따라 바뀔 수 있다는 것을 인정하고 다른 직원과 형평성을 맞출 수 있는 범위에서 다양한 제도를 만들수록 경쟁력 있는 시스템이 될 수 있다.

넷째, 직원 관리 시스템=비용이란 개념으로 접근하면 기발하고 차별적인 시스템을 만들기 어렵다.

직원 관리 시스템=투자 라는 개념을 확고하게 할수록 좋은 인재를 뽑고, 유지할 수 있는 초석을 만들 수 있다. 페덱스(fedex)의 기업철학은 직원 만족을 우선으로 하면 서비스가 좋아지고 서비스가 좋아지면 이익이 나게 마련이라는 경영철학을 통해

선순환을 이루고 있다

 다섯째, 직원들의 불만 해소 창구가 시스템화 되어있어야 한다. 직원들이 침묵할 때 살롱은 위기다.
 회의를 할 때 직원들이 침묵하거나, 무성의한 의견을 내는 것을 흔히 볼 수 있다. 이럴 때 직원들이 매장일에 관심이 없고 주인 의식도 없다고 생각하며 일방적으로 원장의 생각대로 운영을 하는데 이때가 매장은 위기인 것이다.
 하인리히의 법칙은 '1 : 29 : 300'의 법칙이라고도 불린다. 한 번의 대형 사고가 발생했을 경우 이미 그전에 유사한 29번의 경미한 사고가 있었고, 300번의 이상 징후가 감지된다는 것이다 즉 직원이 잦은 퇴사가 발생하거나, 살롱에 어떤 큰 문제가 발생하기 전에 이미 29번의 약한 의사 표명이나 300번의 이상 징후를 보였다는 것이다.
 매장 일에 침묵하거나 관심이 없어 보이는 것 역시 이상 징후의 일부이다. 간혹 어떤 원장은 직원들이 착해서 말없이 잘 따른다고 착각하기도 한다. 직원들의 침묵은 불만이나 요구사항을 말해봐야 들어주지도 않는 불필요한 행위라고 생각하는데서 시작된다. 직원들이 불만족스러운 사안이 생길 경우, 자연스럽게 의사 표현을 할 수 있고 그 문제를 효율적으로 관리할 수 있는 프로세스가 만들어져야 한다. 대다수의 매장에서 미리 의견을 듣는 정기적인 미팅이나 프로세스가 없어 일이 터지고 나서야 원장이 면담을 하고 해결하려고 하는데 그때는 이미 늦은 경우가 많다.

여섯째, 직원 관리 시스템의 출발점은 형평성이다.
즉 좋은 직원과 그렇지 않은 직원을 차별 대우하는 것이 평형성을 맞추는 것이다. 그래야 좋은 직원이 더욱 신나게 일하게 되고 그것이 곧 매장의 발전과 성장의 원동력이 되기 때문이다.

형평성과 공평성

"직원 관리에서 제일 중요한 게 뭘까요?"

● 경영을 하다 보면 직원들의 다양한 생각과 상황을 접하게 된다. 두 명만 있어도 규칙이 필요하고 규칙이 있다고 해도 예외 상황이 끊임없이 생긴다. 원장은 서로 배려하고 이해하는 분위기를 원하지만 예외 없이 깨지고 만다. 그렇다고 매번 규칙을 새로 만들기도 어렵다. 원장은 반복되는 면담과 대화에 지쳐 직원 관리의 어려움을 뼈저리게 느낀다.

직원 관리가 잘되는 곳은 직원수가 적은 곳보다 규칙도 없는데 직원들 스스로 자율적이고 체계적으로 움직이는 것처럼 보이는데 그 이유는 시스템을 통해 관리하기 때문이다. 직원 관리 시스템은 형평성과 공평성을 명확하게 구분하는 것에서 시작된다.

공평성은 무조건 동등하게 형평성은 차이를 두는 것이라고 이해 하면 된다. 직원 관리가 어렵다면 형평성으로 처리해야 할 것들을 공평성으로 처리하고 있는 경우가 많다.

과거 관리자로 미용실을 관리한 적이 있었다. 전체 디자이너가 수가 25명 내외였고 3교대로 새벽 2시까지 영업을 하다 보니 불규칙한 생활패턴에 지각이나 결근을 하는 직원들이 많았다.

그중에 아픈 아버지를 모시고 매출도 잘하고 남들이 싫어하는 야간 조도 자진해서 일하던 성실한 디자이너가 있었는데 어느 날 아침에 급하게 연락이 왔다. 아버지가 편찮으셔서 응급실에 모시고 갔다 출근해야 할 것 같다는 것이었다.

그 당시에는 근태가 좋지 않은 디자이너들도 많다 보니 강력하게 규정을 만들고 적용시켜 나가던 때였다. '누구도 예외 없이 규칙을 적용한다'는 공평성을 강조하며 관리를 했었다. 그런 상황에서 이 디자이너의 근태 처리 부분이 고민스러울 수밖에 없었다. 근태가 안 좋은 직원을 줄이기 위해 만든 기준이 잘해왔던 디자이너에게도 적용하는 것이 맞는지 딜레마에 빠지게 되었다. 그때는 나 역시 경험이 적어 한번 예외를 두면 시스템 정착이 안 된다는 강박관념에 공평성을 강조하며 관리를 했고 결과적으로 좋은 직원을 많이 잃어버리는 경험을 했다. 좋은 직원들이 손해 보지 않게 해 주겠다고 만든 규칙이 오히려 그들을 떠나게 만드는 원인이 되었다.

이때부터 규칙의 경계선에서 못하는 것도, 잘하는 것도 아닌 남에게 손해도 안 주지만 절대 손해 보는 것도 싫어하는 흑도 백도 아닌 직원들이 생기기 시작했다.

좋은 직원들이 입사하면 정착하지 못하고 직원 간의 갈등이 끊임없이 생기며 조용할 날이 없었다. 형평성을 맞추어야 하는데 공평성으로 관리한 대가를 톡톡히 치르게 되었다.

그때의 경험으로 지금은 미용실 경영을 하는데 형평성을 맞추기 위해 노력한다. 예를 들면 미용실에 디자이너가 부족한데 면접 온 사람이, 아이가 있어 1시에 출근하고 5시에 퇴근해야 하고 주말에 하루 쉬어야 한다고 하면 당신은 이 사람을 채용하겠는가? 구성원들이 같이 출퇴근해야 한다는 생각한다면 채용을 고민하게 될 것이다. 몇 달째 디자이너를 못 구하고 있는데도 말이다.

직원을 채울 때는 직원이 있어야 좋은 직원을 구할 확률이 높다. 사람이 있어야 미용실 매출도 올라가고 다음을 기약해 볼 수 있다.

우리 매장의 디자이너 근무 조건은 굉장히 다양했다. 가능하면 면접 볼 때 원하는 조건을 다 맞추어 주려고 하는데 그러기 위해서는 기존 디자이너들과의 형평성을 맞추기 위해 끊임없이 아이디어를 내야 한다.

그래서 한번 따라 해 볼까

―

"구체적으로 시스템 운영사례를 알고 싶어요"

● 중소형 미용실에 과연 시스템이 필요할까? 중소형 미용실을 운영하는 원장은 시스템은 대형 미용실의 전유물이라고 생각한다.

가족 같은 분위기, 마음 편하게 일할 수 있는 곳, 식사 세 끼 등 기본적인 내용을 내세워 더 이상 미용실을 운영할 수 없다. 중소형 미용실은 중소기업이다. 중소기업이 대기업으로 가는 우수한 인력을 데리고 오지 못하면 강한 기업이 될 수 없다.

중소형 미용실 = 열악
복지 = 돈
대형 미용실 = 시스템

의 공식을 깨지 못하면 경쟁에서 살아남지 못한다.

첫째, 대형 미용실이나 잘한다는 곳을 무조건 따라 하지 말고 당신에게 최적화된 시스템을 만들어야 한다. 대형 미용실에서 하기 힘든 차별적 시스템을 만드는 것이 어려울 것 같지만 결코 그렇지 않다. 당신에게 용기를 주려고 하는 말이 아니다. 직원이 10명이 넘으면 세심하게 맞춤 시스템을 운영하기도 어렵고 인간적인 면을 강조해 경영하기도 어렵다. 작은 것 하나 만들거나 바꿀 때도 비용과 형평성, 기존 직원의 반발을 설득하고 추진해 나가는 것이 너무 힘들다.

둘째, 무조건 인턴과 디자이너에게 잘해주고, 그들이 행복한 것만이 시스템이 아니다. 어떤 시스템을 만들더라도 유, 무형으로 당신에게도 구체적 이익이 있다는 확신이 들어야 한다. 만약 좋은 제도인데 당신에게 이익이 없다고 느낀다면 반드시 이익이 무엇인지 찾은 다음 시스템을 적용해야 신념과 소신을 가지고 꾸준히 유지해 갈 수 있다. 단순하게 직원들이 좋아할 것 같아서 한다는 식으로 접근하면 오래 유지하기 어렵고, 오히려 잘해 주겠다고 만든 제도가 당신의 발목을 잡기도 한다.

셋째, 반드시 시간 인력 공간 비용을 기본으로 생각하고 시스템을 설계해야 한다. 그렇지 않으면 얼마 가지 않아 없어지거나 시작부터 현실적이지 않은 시스템이 된다. 시스템은 직원이 좋아할 것과 좋아하지 않지만 필요한 것으로 구분해야 한다. 직원이 좋아하는 것을 만드는 것은 당신이 조금 포기하고 손해 보면 만들 수 있다. 하지만 그 반대 시스템을 만들 때는 고민이 커 질 수밖에 없다. 규모도 작은데 규칙까지 많으면 직원들이 싫어할 거라는 생각을 한다면 잘못 생각하고 있는 것이다. 직원들이 싫어하는 것은 규칙이나 제도가 아니다. 비전과 자긍심, 재미가 없는데 다른 곳보다 규제가 많은 것이 싫은 것이다. 규제로 인한 불편함이 자신의 성장에 도움이 된다는 공감이 없기 때문에 불편함을 감내할 이유를 찾지 못하는 것이다. 서로 간에 공감대를 만들어 운영하는 시스템은 오히려 안정감을 준다. 가족 같은 분위기가 되면 좋은 직원이 모인다고 착각하지 말자. 직원이 없거나 적다면 더 체계적으로 보이기 위해 노력해야 좋은 직원이 당신과 미용실을 그저 그런 원장과 동네 미용실로 보지 않는다.

누가 이렇게 물어봤다면 어떻게 답할 것인가?

Q "어디서 미용실 하세요?" "어디서 미용하세요?"
A "그냥 동네에서 조그맣게 해요." "그냥 동네 미용실에서 일해요."

이 대답이 예의상 하는 말이 아니라 진심이라면 매우 곤란하다. 지금부터 직접 운영했던 사례와 경험을 통해 당신이 영감을 얻고, 응용해 동네 미용실을 벗어나는 당신만의 시스템을 만들 수 있길 바란다. 과거에 했던 것들을 편집하지 않고 날것으로 전달하는 이유는 결과가 아니라 그 제도를 만든 이유와 방법 그로 인해 어떤 효과가 나왔는지 생생하게 전달하기 위해서다. 이 장을 읽고 당신이 영감을 얻는다면 당신 매장만의 훌륭한 시스템을 만들 수 있을 것이라 기대한다.

1) 1년간 지각, 결근, 조퇴가 합쳐서 열 번이 넘지 않으면 <u>매년 해외 연수</u>를 보내준다. 인턴도 해당한다.

요즈음은 디자이너가 프리랜서이기 때문에 다른 것으로 응용하면 된다. 당신 미용실에 가장 필요하다고 느끼는데 잘 바뀌지 않거나 고쳐지지 않는 것을 선정하자 그리고 디자이너와 인턴이 포상을 받으면 가장 좋아할 것을 적어 보자. 두가지가 정리되었다면 디자이너와 인턴에게 물어보고 80%이상이 자기도 대상이 될 수 있다고 느낀다면 잘 만들어진 것이다. 직원에게 전달하는 단어나 표현을 쉽고 명확하게 하되 딱딱한 단어를 사용하지 않는 것이 좋다.

① 왜

당시는 디자이너가 천만년에 한번 면접을 보러 오는데 근태가 안 좋다는 이유로 그만두게 하기도 어렵고, 모른 척하고 있으니 성실한 직원의 불만이 높아져 분위기가 좋지 않았다. 그래서 근태가 나쁜 직원도 너무 타이트하다는 느낌을 받지 않고, 성실한 사람도 손해 본다는 불만을 가지지 않을 시스템이 필요했다.

② 어떻게

어떤 제도를 만들 때는 누구나 노력하면 충분히 가능하다고 생각할 수 있어야 한다. 한두 번 실수할 수 있다는 전제로 제도를 만들었다. 직원들도 한 달에 한 번 정도는 부득이한 사정이 생길 수 있는 것을 감안해 만들었다고 이야기하니 한 달에 한 번 정도라면 빡빡하지 않다고 생각했다. 성실한 직원은 당연히 좋아했는데 실행 전 직원들과 대화를 해 보니 역시나 모두 자기는 갈 수 있다는 확신을 가지고 오히려 정말로 다 보내 줄 수 있겠냐고 되물어 왔다. 일단 공감에 성공했다. 과거 원장들은 매출이 많이 나오면, 열심히 하면 그때 무엇을 해준다는 애매한 말을 직원들에게 했다. 도대체 매출을 많이 한다면 얼마가 많은 건지, '열심히'라는 기준이 무엇인지 명확하지 않은 것을 전제로 해서 비전, 포상을 주겠다는 말은 아무리 해봐야 남의 일이 된다. 누구라도 노력하면 할 수 있고, 약속이 지켜질 것이라는 믿음이 생기면 그때부터 그것은 시스템이 된다.

③ 결과는

매년 10명 중 2~3명 정도 해외연수 대상자가 나왔다. 우리 매장에서 지각은 9시 오픈이라면 8시 50분까지 헤어, 의상, 명찰, 메이크업이 완벽한 상태로 대기하고 있어야 했다. 이때부터 디자이너와 인턴 중에는 8시에 출근하는 직원까지 생기고 8시 40분 이후에 출근하는 사람들이 거의 없는 문화가 만들어지게 되었다. 간혹 인턴까지 그렇게 해주는 것은 오버라고 말하는 사람도 있었지만, 그게 바로 중소형 매장이기 때문에 가능한 것이었다. 대형 미용실에서는 그렇게 하기도 어렵고 할 필요도 없다. 장기 근무하는 사람이 많기 때문이다. 해외연수는 제품사에서 보내주는 연수 프로그램을 이용했고, 그 기간 중 일부는 본인의 휴무나 휴가를 모아 대체했다.

④ 고려했던 것

이 시스템에 들어가는 비용을 아래의 개념으로 생각하고 진행하니 많은 사람을 보내도 이익이라는 생각이 들어 비용이 전혀 아깝지 않았다.

- 구인을 하기 위한 시간과 비용
- 사람이 바뀔 때마다 알려주고, 챙겨주어야 하는데 드는 비용
- 직원이 바뀔 때마다 고객이 떨어져 나가는 걸 채우기 위한 광고 비용
- 동네 미용실이라도 차원이 다르다는 이미지를 만드는데 드는 여러 가지 비용
- 당시 구인이 어려운 곳들은 시장 평균 급여가 100만 원일

때 120~130만 원을 주는 곳들이 많았다. 그래서 급여를 100만 원 주고 월 20~30만 원을 해당 직원의 복리후생비로 쓴다는 계산을 하니 이익이라고 판단했다.

⑤ 생각하지 못했던 효과

미용실 입장에서 가장 필요했던 것을 직원들이 불만을 가지지 않는 선에서 정리할 수 있었다. 해외 연수 대상자는 10명 중 2~3명이 나왔다. 대상자들은 위 조건이 아니라도 보내주는 것이 전혀 아깝지 않은 사람들이었다. 또 직원들이 많이 가더라도 잘 활용하면 훨씬 이익을 볼 수 있었는데 동네 미용실에 대한 이미지 변화를 해외연수를 통해 만들 수 있었다.

연수를 11월쯤 가게 된다면 9달부터 매장 입구에 배너를 세웠다. '홍길동 선생님이 11월 1일부터 6일까지 일본 연수를 갈 예정입니다. 다소 불편하시더라도 이 기간을 이용하실 고객님은 참고 바랍니다. 항상 노력하는 OO헤어가 되겠습니다.'라는 배너를 세워 두었다. 동네 미용실에서 수시로 직원들이 해외연수를 간다는 것만으로도 고객이 매장을 바라보는 시선이 달라질 수밖에 없었다.

연수를 다녀온 직원들은 다른 브랜드 미용실에서 근무하는 친구들에게 자랑을 했다. 동네 미용실 직원이 브랜드 미용실에서 근무하는 친구에게 자랑을 한다는 것은 자긍심이 생겼다고 볼 수 있다. 어느 순간부터는 이곳에 오고 싶은 친구가 있다고 추천하기 시작했고 시간이 지나니 친구들끼리 근무하는 경우도 많았다.

또 다른 효과는 그 당시 해외에 가보지 못한 직원들도 많을 때여서 연수를 가기 전이나 다녀와서 고객과 대화가 많이 달라지는 것을 느꼈다. 이 역시 대형 미용실에서는 큰 효과가 없을 수 있지만, 중소형 미용실을 운영하는 데는 효과가 컸다.

2) 일 년에 1~2번 회식은 특급 호텔에서 진행했다

① 왜

호텔에서 회식을 하는 것이 돈은 비슷하게 들어도 효과가 좋았다. 직원들이 서비스를 세련되게 하길 원하지만, 그런 경험이 없는 직원들은 아무리 교육을 받아도 그 느낌을 알 수 없다. 그 당시에는 고깃집이 대체적 회식 장소였는데 회식을 하면 1차 2차 노래방까지 가고 여지없이 사고가 생기거나 다음날 술이 덜 깨서 온 직원, 결근하는 직원 등등 회식을 왜 했을까 하는 후회를 늘 하게 되었다. 그렇다고 회식을 안 할 수도 없던 차에 고객 중 호텔에서 근무하시는 분이 계셨는데 우연히 고충을 들으시고 할인을 해줄 테니 자기 호텔에서 회식을 해보라는 것이 계기가 되었다.

② 결과는

그 당시 동네 미용실 회식을 호텔에서 한다는 것 차체가 파격적이였다. 그때도 그랬지만 지금도 흔하지는 않은 것 같다. 호텔에서 회식을 해보면 의외로 회식이 금방 끝날뿐 아니라 이유는 모르지만 2차도 가질 않는다. 직원들 역시 대접받고 존중 받는다는 느낌을 받으며 그 전 회식을 할 때마다 생기던 불미스러운 일들이 싹 사라졌다. 회식과 최대한 가까운 시간에 호텔에서 받은 서비스와 느낌을 공유하며 서비스 교육을 시켰는데 효과가 높았다. 이 제도 역시 직원들이 굉장히 좋아했었다.

3) 최고 매출이 나오는 날은 홈런 데이

주말이나 바쁠 때 밥도 못 먹고 고객을 계속 받다 보면 오후 5시부터 직원들 표정에 이제 밥 좀 먹게 그만 좀 오지라는 표정이 역력했다. 홈런 데이는 매출이 올라가는 과정에서 공통으로 경험하게 되는 성장통을 극복하기 위해 만들었다. 인수 후 첫 직원과 면담에서 '제가 1년 넘게 있었는데 여기는 디자이너가 절대 400만 원 이상 할 수가 없어요. 그동안에 저 외에는 한 명도 없었어요.' 억장이 무너지는 말이었다.

인수 초기 고객이 없어 일하는 시간보다 쉬는 시간이 많다가 주말에 반짝 매출하는데 오후 5시쯤 디자이너 4명이 80만 원 정도 매출을 하면 이미 표정은 800만 원 매출을 한 사람들의 얼굴과 태도였다. 가장 급한 것은 이들에게 작은 성공의 경험을 만들어 주는 것이었다.

과거 하루 최고 매출보다 1만 원이라도 높으면 그날을 홈런 데이라고 칭하고 여러 가지 이벤트를 해주었다. 초기에는 그 당시 유행했던 발 마사지를 주로 갔다. 발마사지샵에 2년 동안 158회를 이용한 VIP 회원이 되었으니 그 횟수만큼 성장했다고 볼 수 있다.

홈런 데이를 시작하고 하루 종일 밥을 못 먹고 일을 하더라도 직원들이 고객을 즐겁게 받기 시작했다. 이렇게 홈런 데이를 지속하다 보니 하루 매출 250~300만 원까지도 하게 되었다. 그때부터는 하루 150~200만 원 정도는 직원들이 크게 힘들어하지 않는 매출이 되었다.

4) 인턴이 있을 때와 없을 때 인센티브를 다르게 적용한다(뒤에 조금 상세히 설명하기로 하겠다).

5) 겨울이 오기 전에는 직원 전체에게 독감주사 맞게 해 주었다.

6) 복날은 직원들을 집으로 초대해서 백숙, 삼계탕을 직접 만들어 주며 관계성을 높였다.

7) 인턴의 샴푸 수당이나 다양한 수당 제도를 운영했다.

8) 직원 추천 제도를 이용해서 좋은 직원이 다른 직원을 추천해 주면 3개월과 6개월 후에 2번 포상금을 지불함으로써 동료로 함께 할 수 있게 만들었다.

9) 포인트 제도를 통해 포상을 포인트로 주고 포인트가 모이면 본인이

하고 싶은 휴무나 조기 퇴근 등을 시켜 주었다.

10) 다이어트 수당, 금연 수당 등을 통해 지속적 서비스 개선을 유도했다.

11) 규칙을 이야기할 때도 편지를 통해 전달하는 방식으로 직원들이 구속 당한다는 느낌이 들지 않으면서도 기본이 흔들리지 않도록 했다.

12) 그 외에 정기 야유회와 13평짜리 미용실이지만 청소해 주시는 분과 타월 세탁 역시 외부에 맡겼다.

13) 제품도 가능하면 브랜드 제품을 사용하여 대형 브랜드 미용실 직원들이 받는 교육을 다 받을 수 있도록 했다.

14) 패밀리 데이 또한 직원의 부모님이나 보호자는 반드시 매장에서 머리를 하도록 하면서 머리를 할 때 돈을 내거나 무엇을 사 오시면 직원의 급여에서 2배를 공제하는 제도를 운영했다. 이는 직원 가족과의 관계성을 만들기 위해서였다.

이 외에도 많은 제도를 운용했다. 핵심은 재미있게 근무하면서 작지만 대형 미용실보다 더 체계적이라고 느끼게 만들어 주기 위해 집중했다.

가장 중요한 것은 직원들에게 해주기로 한 것은 반드시 지켜 신뢰감을 높였다. 돈을 많이 준다고 꼭 좋은 시스템이 되는 것은 아니다. 중소형 미용실에서 직원 문제를 해결하고 싶다면 이렇게 아기 자기한 세심한 시스템이 많아야 한다.

당신의 꿈속에 직원은 어디쯤 있나요

—

"돈은 둘째고 애들이나 안 바뀌면 좋겠네요"

● 직원 구인이 어렵고, 자주 그만두는 이유는 무엇일까? 이미 주변 미용실보다 인센티브나 급여를 높게 주며, 수당까지 챙겨주고 있는데도 여전히 해결되지 않는 문제들이다.

대다수 원장은 원인이 직원에게 비전을 주지 못해서라고 말하지만 정작 비전이란게 무엇인지 잘 모르고 있는 것 같다. 개인마다 생각도 꿈도 다르기 때문에 비전을 준다는 것이 굉장히 난해하고 어렵게 느껴지겠지만, 직원이 비달 사순처럼 되고 싶은데 당신 미용실에서는 그 꿈을 이룰 수 없기 때문에 그만두는 것일까? 그렇지는 않다.

미용을 시작할 때 자신의 꿈이 동네 미용실 디자이너였던 사람은 없다. 힘들고 고통스러운 시간을 인내하며 동네 미용실 원장이 되려고 했던 사람 역시 없다.

과거에 나 역시 계속된 직원 문제와 적자에 시달리며 힘들어 하던 시기가 있었다.

어느 날 문득 '이렇게 힘든데 도대체 왜 미용실을 하지'라는 의문과 '왜 우리 미용실은 급여도 많이 주고 여러 가지 제도도 좋은데 직원들이 계속 바뀔까?'라는 의문에 하나씩 스스로 답을 해 보았다.

Q 미용실을 왜 하는데?
A 돈을 벌고 싶어서
Q 돈 벌어서 뭐 하려고?
A 집도 사고 좋은 차도 사고
Q 집도 사고 좋은 차도 사고 난 다음에는?
A 우리 애들 잘 키울 수 있는 기반을 마련해야지
Q 그 기반을 마련한 다음에는?
A 여행도 다니고 노후 준비도 하고
Q 여행도 다니고 노후 준비도 하고 난 다음에는
A …….

스스로 이렇게 질문하고 답하다 보니 왜 직원 관리가 어렵고 힘들었는지 알게 되었다. 그건 바로 내가 미용실을 경영하는 목적과 의미 속에 가장 중요한 '직원'은 어디에도 없었다.

모든 것이 나와 내 가족을 위한 것뿐이었다.

'브랜드도 아니고, 평수도 작고. 체계적 교육 시스템도 없고 급여도 많지 않은 교통까지 불편한 곳에 어떤 좋은 직원이 와서 일하고 싶어 하겠는가? 오히려 우수한 직원이 일하고 있다면 그것이 더 이상한 것 아닌가? 직원들이 과연 나를 위해 희생해야 하는 이유는 무엇인가? 미용실이 여기만 있는 것도 아닌데.'라는 생각이 들자 직원들에게 미안한 마음이 들었다. 이런 곳에서 함께 일해 주는 직원들이 고맙고 감사해졌다. 그런 직원들이 행복하게 일하게 해주고 싶어 졌다.

지금 생각하면 별거 아닌 것들인데 직원들은 진심으로 받아 주었던 것 같다. 넉넉하지 않았지만, 직원들을 가끔 집에 불러서 옥상에서 삼겹살과 백숙을 만들어 먹이면서 많은 이야기를 나누었다. 겨울에는 우리 아이들 독감 주사는 잊더라도 직원들 독감 주사는 챙겼다. 그 외에도 큰돈이 들어가는 일은 마음이 있어도 해 주지 못했지만, 진심 어린 마음을 수시로 전하고자 노력했고 직원들 역시 마음을 알아주고 따라 주었다. 직원 관리가 어렵다면 당신의 꿈속에 직원은 어디에 있는지 생각해 보자.

미용실을 하는 근본적 이유가 돈을 벌어 당신의 부귀영화를 누리는 게 목적이 되어서는 안 된다.

그런 순간부터 직원은 도구가 되고. 관리 통제의 대상이 된다.

원 모어(ONE MORE)

—

"직원 관리 잘하는 곳은 도대체 뭘 잘하나요"

: 직원 관리를 잘하는 원장은 알고 있거나 해 왔던 방식으로 해결되지 않는 문제가 생기면 항상 새로운 해결 방법을 고민하고 시도한다. 그런 시도를 통해 자신만의 노하우를 하나씩 늘려 나간다.

일반적인 원장은 과거 해왔던 방식을 답습하며 새로운 해결책을 찾기 위해 크게 노력하지 않는다. 습관적으로 처리해왔던 방식으로 문제가 해결되지 않으면 그냥 포기해 버림으로 자기만의 노하우를 만들어 가지 못한다.

이렇게 시간이 지나면서 직원 관리를 잘하는 원장은 더욱 자기만의 노하우가 많아지고 일반적인 원장들과 비교해 문제에 대한 해결 범위가 달라진다.

당신은 직원이 늦게 오는 것이 너무 싫다. 그런데 직원이 늦게 왔다면 어떻게 하겠는가? 아마 처음에는 이해해 주고 또 늦으면 그때는 직원을 불러 이렇게 이야기한다.

"저는 지각하는 사람을 너무 싫어해요. 다음부터 지각하지 마세요."

인간적으로 잘 말했으니 직원이 알아들었을 것이라 생각했는데 얼마 지나지 않아 또다시 지각을 했다면 이렇게 할 것이다.

"불과 며칠 전에 알아듣게 이야기했는데 또 지각을 하면 어떻게요. 이번이 정말 마지막이에요."

이제는 정말 알아들었을 것으로 생각한다. 하지만 또다시 지각을 했다고 한다면 이제 어떻게 하겠는가?

'사람 말이 말 같지 않나 좋게 이야기하면 말귀를 못 알아듣네! 저런 마음가짐인 사람 일 시켜봐야 오히려 분위기만 안 좋아지고 잘하는 애들까지 물들이면 안 되지'라며 바로 면담을 할 것이다.

"더 이상 함께 하기 힘들 것 같아요 안타깝지만 이쯤에서 헤어지는 게 서로에게 좋을 것 같아요."

이렇게 한 직원을 떠나보낸다.

직원 관리를 어려워하는 원장들이 하는 패턴인데 '지각하지 마라.' '지각하지 말라고 했죠.' '사람 말이 말 같지 않아요? 지각하지 마세요.' '더 안 되겠네요. 그만두시죠.' 계속 효과가 없는 똑같은 의미의 말을 습관적으로 반복하며 다른 방법을 고민하거나 시도하지 않는다.

왜 그럴까? 고민하지 않아도 되는 가장 편한 방법이고 더 직설적으로 표현하면 생각하는 것이 싫고 피곤하기 때문이다.

미용실 관리자로 근무했을 때 매출도 잘하고, 직원들과 관계도 좋은데 자주 늦는 습관을 가진 직원이 있었다. 여러 번 상담도 하고, 휴무나 벌금, 청소, 당직 등 불이익을 주어도 습관이 고쳐지지 않았다. 아침 조회를 끝내고 밖을 보는데 어느 때처럼 그 직원이 늦게 출근하는 것이었다. 서두르는 모습도 보이지 않고 느긋했다. 면담을 해보니 일은 하고 싶다고 했다. 내일부터 늦으면 5분 늦을 때마다 꽃집에서 장미꽃 한 송이씩 사서 본인 경대에 붙이자고 했다.

단 지각을 안 하는 날은 한 송이씩 떼기로 했다. 그 외에는 어떤 불이익도 주지 않겠다고 약속했다. 결과는 어떻게 되었을까! 얼마 지나지 않아 그 직원의 경대는 많은 꽃으로 장식되었다.

거의 모든 고객들은 다른 경대와 다른 꽃으로 장식된 경대를 보며 '선생님 꽃을 엄청나게 좋아하시나 봐요.'라며 말하면 처음에는 머쓱해하며 웃어넘기던 직원이 오는 고객마다 이런 이야기를 하니 스트레스를 받기 시작했다. 얼마 후부터 경대에 꽃이 서서히 줄기 시작했다. 그 이후로 이 직원은 성실하게 몇 년 더 일했다. 우연이지만, 이 방법을 생각하지 않고 그만두게 했다면 손실이 컸을 것이다.

직원 한 명 한 명이 너무 중요한 시대이다. 직원을 정착시키며 늘려 나가기 위해서는 어떤 문제가 있을 때 원칙이나 과거 방식을 고집하기보다 새로운 해결 방법을 고민하고 시도하는 노력이 필요하다.

직원 관리는 형평성을 맞추어 주면 된다는 생각으로 유연하게 관리시스템을 만들어 가자. 형평성 있는 시스템을 만들기 가장 좋은 시점은 직원이 적을 때다. 직원이 없어 시스템을 만들기 어렵다고 말하지만 반대로 직원이 많은 곳은 직원이 많아 너무 어렵다고 말한다.

성공하는 원장은 늘 새로운 방법을 생각하고 시도한다고 말했다. 그들은 머리가 좋거나, 경험이 많아서가 아니라 반드시 문제를 해결하겠다는 의지와 열정이 있기 때문에 생각하고 방법을 찾아내는 것이다.

지금부터 당신 매장에서 직원들이 계속 그만둔다면 끊임없이 물어라.

'이 방법 말고 다른 방법이 뭐가 없을까'

그러면 반드시 다른 해결책이 떠오를 것이다. 그것들이 하나씩 모이면 당신의 노하우가 늘고 경쟁력 있는 시스템을 만들게 된다.

아직 늦지 않았다 지금부터 당신의 노하우를 만들어 가자.

성장의 역설

—

"인턴 쓸 것 같으면 차라리 디자이너 쓰는 게 낫지"

❕ 요즈음 인턴 최저 임금이 많이 올라 인턴보다 디자이너를 쓰는 게 낫다고 생각하는 사람이 많다. 인턴을 쓰고 안 쓰고는 매장의 콘셉트, 규모, 앞으로 방향성에 따라 다를 수 있지만 인턴이 디자이너 매출의 30~40% 의 역할을 담당한다.

선불권 편에서 말했듯이 인턴이 선불권을 일주일에 3~4건만 끊어도 인턴 유지에 대한 생각이 달라질 수 있다. 최근 4대 보험 가입자가 5인이 넘는 곳에 국가에서 금전적 지원을 해주는 정책도 많고 지원금액도 적지 않다.

그 외에도 미용실에 근무하면서 대학교를 무료로 다닐 수 있는 제도도 있다. 조금만 관심을 가지고 고용노동부 사이트와 산업인력공단을 통해 확인해 보면 큰 부담 없이 인턴을 채용할 방법이 많다. 무조건 인턴을 줄이는 방법보다 추가 채용함으로 인건비가 줄어 들 수도 있다.

소형 미용실은 디자이너와 인턴의 비율을 1대 1로 운영하는 것이 쉽지 않다. 보통은 디자이너가 인턴보다 많은데 이런 곳은 디자이너들 신경전과 노동 강도가 높아 그만두는 인턴들이 많다.

인턴이 퇴사하면 디자이너는 오너에게 인턴이 부족해 매출을 올릴 수 없다며 불만을 이야기한다.

원장에게는 큰 스트레스다.

여기서 한번 디자이너 불만의 근본 원인을 살펴볼 필요가 있다. 대다수 미용실에서 인센티브 책정은 인턴이 있을 때를 기준으로 책정하고 인턴이 없어도 그 인센티브를 적용하니 당연히 디자이너 입장에서는 인턴이 없으면 자기가 계속 손해를 본다는 생각을 하게 된다. 그럼 어떻게 이 불만을 줄일 수 있을까?

디자이너 인센티브가 1,000만 원에 30%로 책정되어 있다면 인턴 1명 빠질 때 인센티브를 높여주는 것이다. 물론 매장의 환경이 다양하니 참고해서 응용해 보면 좋을 것이다.

디자이너가 3명 인턴이 2명이 있는 곳에 월 매출 1,000만 원 디자이너에게 30%의 인센티브를 주고 인턴 1명에게 월 200만 원의 비용이 든다고 하자.

인턴 1명이 빠질 때 인센티브를 3~4% 올려주는 것이다. 그러면 디자이너 한 명이 30~40만 원을 더 받게 된다. 디자이너에게

90~120만 원 추가 인센티브가 나가지만, 기존 인턴이 있을 때와 비교해 90~110만 원이 줄어들게 된다.

다시 인턴이 채용되면 인센티브는 정상적 30%로 지급하는 것인데 적용해 보면 인턴 퇴사 시 디자이너가 오너에게 스트레스를 주는 것이 많이 줄어든다.

인턴을 줄일 생각이 아니라면 충원될 때까지 남은 90~110만 원 중 일부는 근무하는 인턴에게도 일부 사용해 주어야 인턴도 불만이 적어진다.

매장의 객단가가 높거나 미용실을 더 늘려갈 계획이라면 무조건 인턴을 채용해서 키워야 한다.

또 선불권 영업을 활성화시키기 위해서는 인턴의 역할이 매우 중요하다.

당장 구인이 어렵다고, 혹은 비용을 줄이겠다고 무조건 인턴을 채용하지 않는 것은 좋지 않다.

팁

"인턴에게는 무엇을 가르쳐야 할까요"

 디자이너의 능력은 신재율이나 고정 고객 재방문율로 평가할 수가 있지만, 인턴은 기술적 평가는 가능하지만 전반적인 평가는 쉽지 않다. 인턴 때는 아무래도 직업에 대한 확신이 적고 노동강도가 높다 보니 쉽게 지치고 슬럼프도 자주 온다.

원장이나 디자이너는 커트나 파마 연습만 열심히 하면 좋은 디자이너가 될 것처럼 연습을 강조한다.

당연히 기술은 기본적으로 열심히 배워야 하지만 기술만 열심히 연마한다고 디자이너로 인정받고 성공할 수 있는 것일까?

대형 미용실에서 디자이너 경력 6개월인 주니어가 10년이 넘는 경력 디자이너 매출을 뛰어넘는 것을 쉽게 볼 수 있는데 이런 것은 과연 어떻게 설명할 수 있을까? 무엇이 이런 차이를 만들어내고 인턴 때부터 무엇을 열심히 가르쳐야 제 몫을 해내는 디자이너로 성장시킬 수 있을까?

'팁'을 받는 능력을 키워 주면 된다. 팁을 많이 받는 인턴의 특징은

첫째, 성향이 긍정적이고 주어진 일을 항상 열심히 하고 사람들에게 칭찬을 많이 받는다. 칭찬을 받으니 일이 재미있고 더 잘하고 더욱 열심히 한다. 선순환이 생기는 것이다.

둘째, 디자이너에게 가장 필요한 상담과 공감 능력이 뛰어난 디자이너로 성장할 수 있다. 디자이너가 이 능력이 부족하면 기능공이 돼버린다. 팁을 잘 받는 인턴이란 고객의 마음을 얻을 줄 아는 것이다.

당장 인턴에게 고객이 들어오는 순간부터 반드시 팁을 받겠다는 각오로 서비스하라고 하자. 그런 문화가 만들어지면 서비스 교육을 따로 할 필요가 없다. 교육을 안 해도 누구도 쉽게 따라 할 수 없는 자기만의 서비스 노하우를 가지게 되고 기술 역시 스스로 열정을 가지고 배우게 된다.

지금은 외국에서 꽤 괜찮은 미용실 원장을 하는 직원이 있었다. 이 직원은 13평짜리 동네 미용실에서 브랜드 매장의 웬만한 디자이너들이 받는 팁 이상을 받으며 일 했다. 이 직원은 고객을 샴푸대로 안내할 때도 차원이 달랐다. 쉽게 웨이터가 부킹 시켜 줄 때 고객을 안내하는 모습을 떠올리면 된다. 고객의 연령에 맞

게 자기만의 유머와 멘트는 기본이고 가장 열심히 밖에 나가 인사를 했다. 될 성싶은 떡잎이었다.

인턴들에게 잡지를 보고 계신 고객이 잡지를 다 볼 때쯤 잡지를 교체해 드리라고 해도 잘 안 된다. 자기한테 이익이 없다고 생각하기 때문이다. 그냥 귀찮은 일 하나 더 늘어나는 것일 뿐이다.

하지만 팁을 받기 위해 어떤 행동을 해야 하는지 고민하는 순간부터 고객에게 관심을 가질 수밖에 없다. 불편한 것이 없는지, 필요한 게 없는지 계속 고객에게 집중하게 된다. 이런 습관이 되면 고객이 잡지를 보고 있을 때 어떤 장르에 관심이 많은지 유심히 보고 책을 바꿔드릴 때 관심 부분을 펴서 가져다 드린다면 얼마나 소름 끼치는 서비스가 될 것인가?

이렇게 성장한 인턴은 엄청난 차별성을 가진 디자이너가 될 수 있다.

3개월 동안 매달 인턴에게 자기가 받은 팁 액수와 같은 금액을 포상을 해주자. 한 달 동안 10만 원의 팁을 받은 인턴에게 10만 원 더해서 포상해 주는 것이다. 이 방식을 3개월 정도만 운영하면 매장에 어느 정도 서비스 개선 효과가 생긴다. 나중에 이 제도를 없애도 이미 습관화된 서비스는 쉽게 없어지지 않는다.

오늘부터 인턴에게 반드시 팁을 받기 위해 어떻게 해야 할지 계속 고민하고 지원이 필요하면 적극적으로 도와주겠다고 말하자. 그러면 시키는 서비스가 아니라 자신만의 서비스를 만들어 내고 미용실 매출 또한 성장할 수밖에 없다.

코이의 법칙

"우리 직원들은 왜 그럴까요"

코이라는 물고기는 어항에서 기르면 5~8cm 자라고, 강물에서 자라면 90~120cm의 대어가 된다. 코이 스스로가 환경에 맞추어 간다.

사람은 환경 변화를 무척이나 싫어한다. 그래서 관성처럼 습관을 계속 유지하려고 한다. 직원들이 나태함과 안일함이 습관이 되지 않도록 원장은 지속적 자극을 주고 성장시켜야 하는 이유 이기도 하다.

까마귀 무리가 된 미용실의 직원들은 무표정한 얼굴에 고객이 와도 친절함을 찾아볼 수 없다. 고객이 없으며 창가에 앉아 잡지를 보거나 직원실에 들어가서 핸드폰을 보는 것에 익숙하다.

매출을 올리는 데는 크게 관심이 없고 일하면서 전혀 손해를 보려하지 않는다.

백로 무리의 미용실은 직원들이 활기차며 에너지가 넘친다 어디서 이런 좋은 직원들만 뽑았는지 질투가 난다. 원장도 규제나 제재보다는 무엇을 더 해주지 못해 안타까워한다. 우리가 꿈꾸는 미용실이다. 같은 지역에 같은 브랜드에서 이렇게 두 부류로 나누어진다면 원인이 무엇일까? 애초부터 태생이 다른 직원들을 뽑았기 때문일까?

하나는 잘못된 것을 처음부터 바로 잡았는가, 방치했는가 이고 다른 하나는 매장이 조금씩이라도 꾸준히 성장하고 있느냐의 차이였다.

미용실이 한가하면 직원들이 창가 의자에 앉아 핸드폰을 보고 있는 풍경이 낯설지 않다. 그 모습을 보고 원장은 직원들이 나태하고 의욕이 없다고 말하지만 그 직원이 처음부터 그러지는 않았다.

예를 들면 근무시간에 의자에 앉아 핸드폰을 보면 안 된다는 규칙이 있었다면 처음 출근한 직원들은 그것이 규칙이라고 생각하고 한가한 시간에는 트레이 정리나 청소를 한다. 그렇게 1~2주 지났는데 매장이 계속 한가하다. 원장도 한가할 때 청소도 시키고. 제품 정리정돈도 시켰지만, 매번 그렇게 하는 것이 피곤하고 야박하다는 생각이 든다.

이때 직원이 자리에 앉지는 않았지만 비스듬히 서서 잡지를 넘기고 있는 것을 본 원장이 모른 척해준다. 점차 잡지를 대놓고 보게 된다. 더 시간이 흐르고 이제 직원은 의자에 앉아서 잡지를 본다. 원장도 이제 그 모습이 익숙해지면서 바로잡는 것을 포기한다. 얼마 후에는 다리를 떨면서 잡지를 보는 모습이 갑자기 거슬리며 화가 난다. 이때부터 디자이너와 원장의 트러블이 시작되는데 이런 상황이 되면 아쉬운 사람이 물러 설 수밖에 없다.

그때부터는 한가하면 편하게 잡지나 핸드폰을 본다. 이런 사소한 충돌은 약을 쓰는 것. 청소하는 것. 인사하는 것 등으로 하나씩 늘게 되고 결국 까마귀 한 마리를 키워 낸다.

문제는 이제부터 시작이다. 원장은 새로운 디자이너가 올 때까지만 봐주자고 마음먹는다. 어렵게 새로운 디자이너가 출근했는데 성향이 백로 성향을 가지고 있는 사람이라면 금방 그만둔다. 새로 출근한 디자이너가 얼마 안 돼 그만두니 까마귀 직원은 더욱 기고만장 해진다. 자기니까 여기서 근무하지 다른 사람들은 이런 데서 근무 안 한다며 자신이 엄청난 배려와 희생을 하고 있다고 말한다. 얼마 후 까마귀 디자이너와 비슷한 성향을 가진 사람이 오면 바로 정착한다. 점점 까마귀 무리가 되어 간다.

그럼 왜 까마귀와 백조 사이에 말썽이 생기면 대체로 백조가 나갈까?

백조는 그동안 살아온 인생이 백조의 모습이니 어느 곳을 가나 인정받으며 살아왔다. 굳이 이곳에서 까마귀와 신경전을 벌이면서 근무하는 것보다 새로운 곳으로 가는 게 낫다고 생각한다. 다른 곳에 가도 곧 자기는 인정받을 수 있고, 자리 잡을 수 있다는 확신 때문에 구질구질하게 싸우고 싶은 마음도 없다. 반대로 까마귀는 다른 곳에서도 지금과 같은 모습이었을 것이다.

그동안 다닌 곳 중에 그나마 이곳이 제일 편하고 만만한 곳이다. 귀찮게 다른 곳으로 옮기느니 야단치면 한번 듣고 무시하면 된다는 생각을 한다.

당신은 백조가 그만두는 순간부터 선택의 여지가 더욱 없다. 그러니 까마귀의 더욱 심해지는 만행을 지켜볼 수밖에 없다.

이런 과정을 1년 정도 거치면 당신 미용실은 까마귀 무리가 된다.

까마귀 무리로 바뀐 미용실은 어떤 마케팅이나 행사를 하더라도 성장하지 못한다.

백조 무리에서는 반대로 까마귀 직원이 버티지 못하고 나가게 된다. 시간이 지날수록 백조들이 모이게 된다.

순서를 정해주고 경험하게 해주는 것

"도대체 뭘 먼저 해야 할까요"

● '미용실 컨설팅' '미용 경영 컨설팅' '미용 시스템 컨설팅' 사전적 의미로 컨설팅이란 '어떤 분야의 전문가가 고객을 상대로 상세하게 상담하고 도와주는 것'이라고 한다. 조언자의 역할이다. 그런데 간혹 컨설팅을 받거나 가맹점을 하면 모든 것을 다 해줄 거라 대단히 착각하는 경우가 있다. 개인적으로는 아직도 컨설팅이나 관리를 해준다면 무엇을 어디까지 해 주어야 하는지 조금 혼란스럽다. 굳이 정의를 내려보면 미용실 컨설팅은 '순서를 정해주는 것'이라고 생각한다.

흔히 하는 말로 몰라서 못 하나, 알면서 안 하는 거지라고 하는데 알면서 안 하기도 하지만 뭘 먼저 할지 몰라 시도 조차 못하는 경우도 많다. 미용기술 교육은 어느 정도 프로세스가 정리가 되어 있지만 경영은 기본부터 체계적으로 가르쳐 주는 곳이 없다 보니 경험이 부족한 원장들은 늘 어려움에 힘들어 한다. 특히 미용실에서 문제가 생기면 한 가지가 아니라 두세 가지가 복합적으로 발생하는데 어느 것을 먼저 해야 할지 조차 결정하기 쉽지 않다.

예를 들어 직원이 부족하고 신규 고객도 적은 상황이라면 구인과 광고 두 가지 중 우선순위를 정해야 한다. 그런데 직원 관리 시스템이 없이 우선 광고부터 하기로 결정해 인스타그램을 배워 실행했더니 신규 고객이 많아졌다. 하지만 이 효과가 얼마 가지 못한다. 생각하지 못한 변수가 생기거나 무엇을 먼저 해야 할지 판단이 서지 않으면 시도하려 했던 마음조차 이내 내려놓게 되고 결국 아무것도 하지 않으니 시간이 흘러도 남은 것이 없다. 그동안 수없이 이런 일을 반복해 오며 지치고 포기했었다면 이제 새로운 도전을 위해 아래의 내용을 주문처럼 외치자.

첫째, 서두르지 말자

둘째, 효과가 없을 것 같아도 일단 하자

셋째, 욕심내지 말자

넷째, 꾸준히 하자

이렇게만 하면 어느 순간 달라져 있는 당신을 볼 수 있다.

이 책의 내용이 조급한 당신이 원하는 요령을 알려 주는 것 같지 않아 답답하게 느껴지고 머릿속을 혼란스럽게 했을지 모른다. 당신은 1에서 100가지 해야 할 일을 순서대로 정해 주길 바라겠지만 그렇게 하지 않았다. 왜냐하면 각자의 스타일, 생각 처한 환경이 다른데 이렇게 글로 전달하며 나의 기준으로 순서를 정해주면 당신에게 맞지 않아 또다시 실패의 경험을 주게 될까 두렵기 때문이다.

그동안 글을 읽다가 중간에 한두 가지를 즉흥적으로 실행해 보았을지도 모르겠다. 아마도 별 효과가 없었을 것이다. 왜냐면 한두 가지를 즉흥적으로 실행한다고 결코 어떤 결과가 나오지 않는다.

당신이 앞으로 해야 할 일들의 순서는 크게 아래와 같다.

1. 마인드 스케치
2. 토목 공사
   - 매장 내외 환경 정비
   - 경쟁업체 분석
3. 기초 공사
   - 우리 매장 분석
4. 골조 공사
   - 가격 결정
   - 차별적 직원 유지 관리 시스템

5. 설비 공사
   - 우리 매장 차별적 경쟁 요소 만들기 결정하기
6. 마감 공사
   - 직원 구인
7. 부대 공사
   - 광고
8. 완공
   - 회원권 영업

항목마다 조금씩 차이는 있겠지만, 큰 틀에서 기본적인 순서와 방향이다. 이 모든 것을 서두르지 않고 꾸준히 하면 6개월 정도면 매장에 기본적인 시스템이 만들어질 것이다. 마음이 급해져 순서를 건너뛰거나 몇 가지만 적용하려고 요령을 피우는 순간 이전으로 돌아가게 될 것이다.

나비 효과

―

"경기가 안 좋아 다른데도 다 힘들겠죠?"

● 어느 대표와 대화 중 요즘 미용실이 너무 어렵고 힘들지만, 천재지변 같은 상황이어서 본사나 개인이 할 수 있는 것이 없어 무기력하다고 말하자.

'내가 30년 미용계 있으며 경기가 좋았던 적은 없었어 그래도 잘되는 곳은 항상 잘되고 안 되는 곳은 안돼 어떤 환경에도 머리 할 사람은 다 한단 말이지 방문 기간이 조금 길어지거나 내 미용실로 오지 않을 뿐이지.'라고 말했다.

전적으로 동감한다. IMF, 코로나 사태 외에 많은 위기였을 때도 잘하는 곳은 꾸준히 잘하는 것을 직접 본 사람으로 환경을 탓하며 변명하고 피하려 했던 것이다.

아마 당신도 주변 사람들에게 요즘 상황을 자주 물어보았을 것이다. 답변은 백이면 백 다 어렵다고 말했을 것이다. 왜 습관적으로 그런 질문을 할까? 당신이 생각하는 것과 다른 말이 나올 수도 있다고 생각하고 질문하는 것일까?

'우리는 매출에 크게 영향이 없는데 당신이 경영을 못 해서 어려운 게 아닐까요?'라고 말할 사회성 떨어지는 사람은 없다.

당신은 단지 위로받고 싶을 뿐이다. 그렇게 하지 않으면 너무 불안하고 힘들기 때문이다. 하지만 알면서도 자꾸 이런 잘못된 정보를 반복적으로 듣다 보면 현실에 안주하게 된다.

사람은 예측하지 못한 상황에 처하면 두려움을 느낀다. 어느 때는 두려움의 대상이 무엇인지조차 모르고 두려워하기도 한다. 두려움을 이겨내는 가장 효과적인 방법은 당당하고 침착한 자세로 두려움의 실체가 무엇인지 똑바로 보는 것이다. 그러면 무엇을 해야 할지 길이 보이기 시작한다. 서서히 두려움도 사라지고 자신감과 용기가 생긴다.

지금부터는 현재의 상황을 직시함으로 두려움을 이겨내고 앞으로 나가보기로 하자.

최근 몇 년간 미용실이 급격하게 늘어났다. 대형 미용실 창업이 두려워 월 매출 500~1,500만 원의 소형 미용실 창업에 사람들이 몰렸고, 경기 불황과 저가 미용실의 급성장에 직원 수 2~5명, 25평 미만 소형 미용실 상황은 더욱 악화되었다.

또 프랜차이즈나 대형 개인 브랜드로 우수한 학생들이 몰리고 우수한 디자이너들은 창업이나 대형 미용실로 취업을 하니 중소형 미용실은 더욱 어려워질 수밖에 없었다. 그로 인해 직원 채용, 유지를 위해서도 과도한 비용을 쓰게 되고, 급격한 수익률 하락은 소형 미용실을 1인 미용실로 바꾸어 버렸다.

이런 변화는 다시 1인 미용실 시장의 포화 상태를 가져왔다.

그럼 월 매출 1500~4200만 원, 30~50평, 직원 수 4~10인 시장을 살펴보자. 이곳은 프랜차이즈 미용실이 집중되어 있는데 최근 인턴 수급은 수월해졌지만, 디자이너 수급은 과거 어느 때보다 힘들어졌는데 1인 미용실 증가와 저가 미용실의 급성장이 영향을 미치고 있다. 또 미용실들이 디자이너 풀서비스 시스템으로 빠르게 전환되며 디자이너 양성을 위한 중간 고리가 끊어져 버린 것도 영향이 있다. 이 그룹은 가성비 높은 프랜차이즈 미용실이 많이 분포되어 있어 다른 그룹보다는 영업 상황이 좋고, 경기가 좋아지면 폭발적으로 성장할 수 있는 그룹이다.

다음은 월 매출 4,200만 원 이상 그룹을 살펴보자. 진입 장벽이 높아 다른 그룹보다 영향을 크게 받지 않았다. 인턴 수급이 수월하고, 디자이너의 경우 중소형 미용실은 고정급 형태가 많아 인건비 지출이 높지만, 이 그룹은 인센티브제로 잘 운영되어 수익성이 낫다. 시스템과 조직력이 강하고, 다점포 경영을 하는 원장도 많아 마케팅과 영업력이 뛰어나다.

특히 국가에서 지원하는 정책 자금 대다수의 기준 조건이 4대 보험 가입자 5인 이상인 경우가 많아 국가 지원금을 통해 과거보다 수익률이 높아진 곳도 있다. 경기가 나쁘더라도 고정 고객에게 선불권 판매를 통해 매출을 유지할 수 있어 상대적 어려움이 덜하다.

지금까지 국내 미용 시장의 흐름과 현상을 살펴보았다. 앞으로 저가 미용실, 고급 대형 미용실, 경쟁력 있는 미용실은 큰 어려움 없이 가겠지만, 월 매출 2,500만 원 이하 직원 수 5인 이하의 미용실은 빠르게 경쟁력을 만들어 가지 못한다면 결국 1인 미용실 시장으로 전환되거나 폐업을 선택해야 할 것이다.

약자가 뭉치면 강자가 된다

"개인 or 프랜차이즈 뭐로 할까요?"

● 3 : 4 : 3 법칙이 있다. 항상 잘되는 곳 30%, 그저 그런 곳 40% 어려운 곳 30% 비율로 나누어지는데 직원 수, 평수, 매출, 콘셉트 등 여러 방식으로 분석해 봐도 결과는 크게 다르지 않다.

아무리 힘든 시기에도 30%는 항상 잘된다.

1인 미용실 상위 30%는 직원을 두고 영업하는 미용실보다 수익이 좋다.

저가 미용실 상위 30%는 중·고가 미용실보다 수익이 낫다.

요즘은 힘들다는 말이 인사가 되어 버렸는데 상위 30%와 하위 30%의 힘들다는 의미는 크게 다르다.

반찬 10가지 올리고 밥을 먹던 사람이 2~3가지가 줄어 힘들다는 것과 반찬 1가지 밥상에 올려 밥 먹기도 힘들다는 것은 분명 다르다.

국내 미용 시장 상위 그룹은 조직화, 대형화된 프랜차이즈 미용실이다.

선진국의 경우에는 최소 30% 많게는 70% 이상의 미용실이 프랜차이즈화 되어 있다.

우리나라는 최근 들어 급격하게 다양한 콘셉트의 프랜차이즈가 늘고 있지만, 아직은 2% 정도에 그친다. 그렇다면 앞으로 최소 30% 이상은 어떤 형태로든 프랜차이즈화 될 것이다.

미국 Regis라는 미용 그룹과 한국 대표 미용실 프랜차이즈의 발전 과정을 비교해 보면 기가 막히게 따라가는 것을 볼 수 있다. 세계적으로 약 9천 개의 직영점, 가맹점을 가지고 있고. 미용학교, 재료 유통, 부동산, 금융 등 다양한 사업을 하는 Regis의 성장을 국내 굴지의 미용 기업의 성장 과정과 비교해 보면 과거 10년 전까지는 30년 정도 차이가 났었지만, 최근에는 약 10~15년 정도로 단축해 따라가는 모양이다.

법체계나 문화가 다른 환경에서 흐름을 따라간다는 것을 보면 놀랍고 시사하는 바가 크다.

최근 급속도로 바뀌는 환경 변화를 혼자서 따라가기는 쉽지 않다고 느끼는 사람들이 프랜차이즈에 많은 관심을 가지게 되었다.

1인 또는 2~5인의 중소형 미용실 프랜차이즈가 급격히 증가하며 협동조합 형태의 공동브랜드, 열파마 전문 미용실, 유아 전문 미용실, 바버샵, 염색방, 가발 전문 미용실, 제품 콘셉트 미용실, 공유 미용실, 스파 전문 미용실, 두피 가발 전문 미용실, 등과 같이 다양한 콘셉트가 등장하고 있다. 이제는 선택 당할 것이나 선택할 것이냐 갈림길에 서게 되었다.

물론 중소형 개인 미용실 중 프랜차이즈를 뛰어넘는 월등한 경쟁력을 가진 곳도 많지만, 경쟁이 치열해질수록 개인이 조직을 소수가 다수를 이기기는 어렵다.

곤충 중에서 의외로 개미가 강자로 분류된다. 개미는 집단으로 상대를 공격해 큰 곤충도 이내 먹이로 만들어 버리고, 1초에 1m를 이동하는 개미도 있는데 초당 47걸음으로 우사인 볼트보다 10배 이상의 빠른 걸음 횟수를 가지고 사막에서 생존한다. 개미의 생존처럼 앞으로는 뭉쳐서 빠르게 환경 변화에 대응해야 한다.

블로그 마케팅이 시장을 주도하다가 페이스북으로 이동했고 얼마 지나지 않아 인스타그램으로 빠르게 전환되었다. 그리고 바로 유튜브로 바뀌는데 불과 5년이 걸리지 않았다.

프랜차이즈를 한다고 당신의 성공이 보장되지는 않는다. 아무리 유명 강사의 학원에 다니더라도 결국 공부는 자기가 할 수밖에 없다. 그러니 잘 생각하고 선택하는 것 또한 중요하다.

만약 프랜차이즈를 하겠다면 20~30개 가맹점을 만들고 명목만 유지하고 있는 곳들도 많으니 주의해야 한다. 또 가맹점 몇 개가 잘 된다고 그것을 자신들의 시스템이라 말하며 영업하기도 하는데 가맹점 10개 중 2개 정도는 본사가 아무것도 안 해주어도 영업이 잘된다.

미용이 다른 업종 프랜차이즈와 다른 점은 레시피나 유통망의 경쟁력이 아니라 원장의 기술과 서비스가 경쟁력이 되기 때문에 본사는 보조적 역할을 해 줄 뿐이다.

원장이 만든 결과를 가지고 열심히 장사하는 본사는 잘 구별해 내야 한다.

그럼 프랜차이즈 가맹점을 했을 때 효과가 있는 원장과 불필요한 돈과 시간 낭비가 되는 원장은 어떤 사람인지 지극히 개인적인 경험을 말해 보겠다.

나이로 보면 효과가 높은 나이는 30대 초반~40대 중반이다. 물론 20대나 40대 후반이 넘는 분 중에도 엄청난 열정과 노력으로 성공하는 분도 있지만 그 비율은 소수이다.

40대 중반이 넘으면 안정적이고 보수적인 성향이 높아져 새로운 정보를 받아들이는 능력이 떨어지고 계산과 생각을 너무 많이 해서 정작 행동을 잘하지 못한다. 반대로 20대 원장은 단순화, 획일화를 강요하는 프랜차이즈 시스템에 잘 적응하지 못한다. 하지만 잘 적응하는 원장은 다른 어떤 연령대보다 폭발적인 성장을 한다.

프랜차이즈 가맹점을 한다고 무조건 영업이 잘되는 것은 아니다. 원장도 어느 정도 능력과 열정이 있어야 한다. 특히 마케팅 플랫폼에 대한 기본적 이해와 배움의 의지가 있어야 한다. 교육을 받기 위해 매출을 포기하더라도 공부할 수 있는 사람이 성공할 수 있다.

아침 7시 교육을 듣기 위해 매번 2시간 넘는 지방에서 차 시간이 안 맞아 택시를 타고 교육을 받으러 다니신 60대 원장님이 계셨다. 이 분은 불과 2~3년 사이에 브랜드 미용실 3개를 오픈하는 놀라운 성과를 만들어 냈다.

또 매주 월요일마다 부산에서 서울까지 직접 운전하며 몇 년을 다니신 분도 있다.

어떤 대단한 것을 제공받지 않더라도 혼자서 모든 것을 해내는 것이 점점 어려운 환경으로 변하기 때문에 프랜차이즈를 통해 도움을 받는 것이 확실히 효과적이다.